Basma M.Korany

A acupressão como instrumento de enfermagem na gestão de doentes crónicos

Basma M.Korany

A acupressão como instrumento de enfermagem na gestão de doentes crónicos

ScienciaScripts

Cover image: www.ingimage.com

This book is a translation from the original published under ISBN 978-620-7-47937-5.

Publisher:
Sciencia Scripts
is a trademark of
Dodo Books Indian Ocean Ltd. and OmniScriptum S.R.L publishing group

120 High Road, East Finchley, London, N2 9ED, United Kingdom
Str. Armeneasca 28/1, office 1, Chisinau MD-2012, Republic of Moldova, Europe
Printed at: see last page
ISBN: 978-620-8-08074-7

Introdução

A insuficiência renal crónica (IRC) é um dos principais problemas de saúde a nível mundial. Nos Estados Unidos, estima-se que, nos próximos anos, a prevalência da IRC irá aumentar, prevendo-se que, em 2030, mais de dois milhões de pessoas estejam a receber terapia de substituição renal. A insuficiência renal crónica induz um declínio lento e progressivo da função renal. Além disso, os doentes com IRC queixam-se de muitos sintomas, como diminuição da micção, inchaço das pernas, inchaço da face, falta de ar, hálito a amoníaco, náuseas e perda de apetite (Abouna, 2020).

Na insuficiência renal crónica, há uma diminuição constante e continuada da depuração renal ou da taxa de filtração glomerular (TFG), o que leva à acumulação de ureia, creatinina e outras substâncias químicas no sangue que podem levar a complicações graves, como uremia, anemia, neuropatia periférica, osteopenia (redução do tecido ósseo), sobrecarga de fluidos, insuficiência cardíaca congestiva, hipertensão, pericardite, desequilíbrios electrolíticos e acidose metabólica (Jbireal, Azab & Omer, 2020).

A insuficiência renal crónica está associada a riscos acrescidos de morbilidade e mortalidade prematura. A IRC é geralmente assintomática até à fase terminal (Goldberg & Krause, 2016). A doença renal em fase terminal (DRT) ou a quinta fase da insuficiência renal é um declínio irreversível da função renal em que o rim já não remove adequadamente os resíduos e a água do sangue e requer diálise peritoneal (DP) ou hemodiálise (HD) contínua ou transplante renal para sobreviver. Os doentes em HD representam aproximadamente 92% da população total em diálise. A seleção da modalidade de diálise, como a HD ou a DP, depende em grande medida da recomendação do médico, da preferência do doente e do seu estado clínico e social. A maioria dos doentes com ESRD opta por ser colocada numa máquina de HD vitalícia para manter a vida (Hill et al., 2016).

A hemodiálise (HD) é uma das terapias de substituição renal. Nesta técnica, os resíduos corporais, como a ureia, a creatinina e a água livre, são removidos do sangue. O procedimento de hemodiálise é efectuado duas a três vezes por semana e o tempo de diálise é de duas a quatro horas. O tempo de diálise depende de vários factores, incluindo a função renal, a quantidade de resíduos corporais, o nível de sais e o peso corporal. Além disso, a taxa de mortalidade com a hemodiálise permanece elevada, aproximadamente 18 a 20 por cento por ano. Assim, as melhorias na tecnologia de diálise, o desenvolvimento de novos agentes farmacêuticos e a experiência ao longo de mais de quarenta anos tornaram a diálise de manutenção disponível. Além disso, a HD causa diversas complicações como câibras musculares, prurido, dor abdominal, hipotensão, hipertensão, vómitos, aumento de peso a curto prazo, obstipação, dor torácica, náuseas, anemia, cefaleias, tonturas e perturbações do sono (Pinheiro, de Macedo & de Carvalho Lira, 2017).

Os distúrbios do sono (DS) são prevalentes em pacientes com IRC, em particular aqueles com doença renal em estágio terminal. Foi relatado que 44% a 80% dos pacientes com ESRD em diálise relatam queixas de sono (Danielle, Mahamat, Francois, Marie-Patrice & Gloria, 2017). As diferentes formas de perturbação do sono são a síndrome das pernas em repouso (SPR), os distúrbios respiratórios do sono (apneia do sono), a sonolência diurna excessiva e a insónia (Maung, El Sara, Chapman, Cohen & Cukor, 2016).

A insónia é considerada a principal perturbação do sono entre os doentes em HD. É definida como a sensação subjectiva caracterizada por um ou mais dos seguintes sintomas: dificuldade em adormecer (insónia de início do sono), dificuldade em permanecer a dormir (insónia de manutenção do sono), despertar matinal precoce ou má qualidade do sono (sono não reparador). Na maioria dos casos, o diagnóstico de insónia baseia-se na presença destes sintomas pelo menos 3 a 4 vezes por semana durante várias semanas (Hamzi, Hassani, Asseraji & El Kabbaj, 2017).

A insónia pode ter consequências a longo e a curto prazo. As consequências a longo prazo são a hipertensão, a dislipidemia, problemas relacionados com o peso, doenças cardiovasculares, distúrbios metabólicos, diabetes mellitus tipo 2, enquanto as consequências a curto prazo são: funcionamento diurno prejudicado, aumento da reatividade ao stress, dor somática, redução da qualidade de vida, angústia emocional, humor, distúrbios cognitivos e de memória, défices de desempenho, fadiga e tonturas (Medic, Wille & Hemels, 2017).

A tontura é um termo utilizado para descrever uma série de sensações, tais como sentir-se tonto, desmaiado, tonto, fraco ou instável e representa 63% dos doentes com DH (Fluck, 2016). Existem muitas causas para as tonturas, como a insónia, a anemia, a tensão arterial baixa e a síndrome do desequilíbrio. Há muitas consequências da tontura: consequências a curto prazo como o aumento do risco de queda, lesões e efeitos nas actividades da vida diária. As consequências a longo prazo levam a tonturas crónicas não tratadas (Sattar, Khan, Ahmad, Adnan & Danish, 2016).

A insónia e as tonturas podem ser tratadas através de tratamento farmacológico ou não farmacológico. A farmacoterapia está associada a abuso, dependência e tem eficácia incerta com o uso a longo prazo. A limitação desses tratamentos leva à busca de abordagens complementares de saúde (CHAs) para melhorar o sono e a tontura (Yeung et al., 2018). As terapias mais utilizadas nas ACSs são hidroterapia, biofeedback, aromaterapia, técnica de relaxamento, massagem, acupuntura e terapia de acupressão (Bossola et al., 2017).

A terapia de acupressão é a quinta técnica mais comum utilizada nos ACS. É uma modalidade de tratamento da Medicina Tradicional Chinesa (MTC) e uma variante não invasiva da forma de acupunctura (Yeung et al., 2018). Baseia-se na estimulação dos meridianos (uma rede de vias de energia em todo o corpo) para aumentar o fluxo de energia e, posteriormente, alterar a experiência dos sintomas. Além disso, ajuda a aliviar o stress, a tensão, a relaxar os músculos e as articulações, a melhorar o sono, a aliviar a dor crónica, a minimizar a dor de cabeça, bem como a tratar os sintomas de tonturas, restaurando o equilíbrio do fluxo de energia no corpo. Por conseguinte, está a ganhar rapidamente aceitação como uma forma de terapia segura, económica, não invasiva e não farmacológica (Zeid& Aly, 2020; Mehta, Dhapte, Kadam & Dhapte, 2017).

O enfermeiro que trabalha em unidades de diálise é considerado um dos elementos da equipa multidisciplinar que desempenha um papel importante na redução dos níveis de insónia e de tonturas nos doentes em hemodiálise, avaliando o padrão e a qualidade do sono (duração suficiente; horário adequado; regularidade e ausência de perturbações do sono) e avaliando a atividade, o repouso e a circulação sanguínea como indicadores de tonturas (Taha & Ali, 2015).Na verdade, é vital que os enfermeiros identifiquem todos os factores que podem afetar negativamente o padrão e a qualidade do sono e determinem os níveis de tonturas desses doentes e desenvolvam planos para reduzir os seus distúrbios do sono que, consequentemente, diminuem o nível de tonturas. Além disso, o enfermeiro deve ter conhecimento de terapias não farmacológicas, como a acupressão, para intervir adequadamente. Por conseguinte, o objetivo do presente estudo é avaliar o efeito da terapia de acupressão na insónia e nas tonturas dos doentes submetidos a hemodiálise.

Importância do estudo

A doença renal em fase terminal é um dos principais problemas de saúde e a sua incidência está a crescer e a aumentar significativamente nos países em desenvolvimento. No Egito, a incidência anual estimada de ESRD é de cerca de 74 por milhão e a prevalência total de doentes em diálise é de 264 por milhão (El-Arbagy, Yassin, Boshra, 2016). No Hospital Kasr El-Aini, o número de doentes admitidos com insuficiência renal foi de 4880, 5230, 5560 doentes em 2017, 2018 e 2019, respetivamente. Atualmente, o Centro de Transplantação de Nefrologia-Diálise atende 176 doentes (Departamento de Registos Médicos e Estatísticas do Hospital Kasr El-Aini-Universidade do Cairo, 2019).

Foram realizados poucos estudos com o objetivo de avaliar a eficácia da terapia de acupressão na insónia e nas tonturas em doentes submetidos a hemodiálise. Além disso, durante a experiência clínica do investigador, estes doentes verbalizaram sentimentos de desespero resultantes da insónia, sob a forma de fadiga, irritabilidade, dificuldade de concentração e diminuição da capacidade de realizar as actividades da vida diária, enquanto as tonturas são sentidas sob a forma de cabeça leve, sensação de desmaio e sonolência.

Por conseguinte, este estudo irá contribuir para a ciência da terapia complementar, que poderá ser útil à enfermagem e a outros profissionais de saúde para diminuir o sofrimento causado pela insónia e pelas tonturas, bem como para otimizar a qualidade dos cuidados prestados a este grupo de doentes. Além disso, espera-se que os resultados do presente estudo aumentem os conhecimentos dos enfermeiros relativamente à gestão não farmacológica da insónia e das tonturas dos doentes em hemodiálise, o que poderá refletir-se positivamente nos cuidados prestados aos doentes e em questões económicas. Além disso, espera-se que este esforço possa gerar atenção e motivação para novas pesquisas nesta área de terapia complementar e estabelecer dados baseados em evidências que possam promover a prática e a pesquisa em enfermagem.

Objetivo do estudo

O objetivo do presente estudo é avaliar o efeito da terapia de acupressão na insónia e nas tonturas em doentes submetidos a hemodiálise.

Hipóteses de investigação

Para cumprir o objetivo do estudo, foram formuladas as seguintes hipóteses de investigação

H_1 : Os pacientes do grupo de estudo que receberam terapia de acupressão terão pontuações médias de insónia significativamente mais baixas do que o grupo de controlo que recebeu cuidados hospitalares de rotina.

H_2 . Os pacientes do grupo de estudo que receberam terapia de acupressão terão uma pontuação média de tonturas significativamente mais baixa do que c grupo de controlo que recebeu cuidados hospitalares de rotina.

Definições operacionais

Neste estudo, foram utilizadas as seguintes definições operacionais:

A terapia de acupressão é uma técnica não invasiva realizada pelo investigador através da utilização das pontas dos dedos para aplicar pressão e estimular 8 pontos à direita e à esquerda ao longo dos meridianos do corpo.

A insónia é uma sensação subjectiva caracterizada por um ou mais dos seguintes sintomas: dificuldade em adormecer, dificuldade em permanecer a dormir, despertar matinal precoce ou má qualidade do sono e é medida pelo índice de gravidade da insónia (Thakral, Von Korff, McCurry, Morin& Vitiello, 2020).

A tontura é um termo utilizado para descrever uma série de sensações, tais como sentir-se com a cabeça leve, desmaiar, tonto, fraco ou instável e é medida pela ferramenta de avaliação de tonturas que, desenvolvida pelo investigador no presente estudo.

Revisão da literatura

Para atingir o objetivo do presente estudo, que consistia em avaliar o efeito da terapia de acupressão na insónia e nas tonturas dos doentes submetidos a hemodiálise, a revisão da literatura do presente estudo é apresentada nas seguintes sequências Anatomia e fisiologia do sistema urinário, uma visão geral da insuficiência renal, fisiopatologia e sua classificação, gestão médica e de enfermagem da insuficiência renal crónica. Além disso, a presente revisão representa os distúrbios do sono, a insónia e as tonturas, bem como uma visão geral sobre a terapia alternativa (terapia de acupressão).

Anatomia e fisiologia do sistema urinário

1-Anatomia do rim

O sistema urinário é constituído por dois rins, dois ureteres, bexiga e uretra (Figura 1). [th]Os rins são um par de estruturas vermelhas acastanhadas, em forma de feijão, localizadas atrás e fora da cavidade peritoneal na parede posterior do abdómen, desde a 12ª vértebra torácica até à 3ª vértebra lombar no adulto. Além disso, o rim direito está ligeiramente mais baixo do que o esquerdo devido à localização do fígado e, externamente, os rins estão bem protegidos pelas costelas e pelos músculos do abdómen e das costas; internamente, os depósitos de gordura rodeiam cada rim, protegendo-o. Além disso, o rim adulto médio pesa aproximadamente 113 a 170 g, tem 11 a 12 cm de comprimento, 5 a 7,5 cm de largura e 2,5 a 3 cm de espessura (Chalmer & Charlotte, 2019).

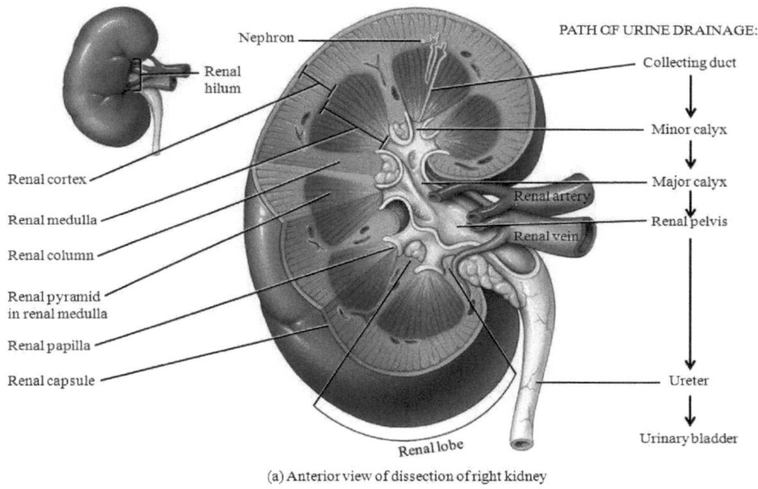

Figura 1. Secção frontal do rim direito*: Crisler, Johnston, Sivula & Budelsky, 2020. Functional Anatomy and Physiology In The Laboratory Rat (pp.91-132). Academic Press .disponível em https://www.google.com /search?q=Frontal section of the right kidney.*

Para além disso, o rim contém o parênquima renal que se divide em duas partes, o córtex e a medula. A medula é a parte interna do rim, com aproximadamente 5 cm de largura. Contém a ansa de Henle, os vasa reta e os canais colectores dos nefrónios justamedulares, enquanto o córtex, com cerca de 1 cm de largura, se situa mais afastado do centro do rim e em torno dos bordos mais exteriores. Contém os nefrónios (as unidades estruturais e funcionais do rim responsáveis pela formação da urina). O nefrónio é a estrutura microscópica. É composto por um corpúsculo renal e um túbulo renal. O corpúsculo renal é constituído por um tufo de capilares denominado glomérulo e por uma cápsula de Bowman que o envolve. O túbulo renal estende-se a partir da cápsula (Chalouhy, 2017; Wingerd & Taylor, 2020).

Além disso, cada rim tem um milhão de nefrónios que estão localizados no parênquima renal e são responsáveis pela formação inicial da urina. Assim, o grande número de nefrónios permite uma função renal adequada, mesmo que o rim oposto esteja danificado ou se torne não funcional, mas, se o número total de nefrónios funcionais for inferior a 20% do normal, é necessário considerar a terapia de substituição renal (Wingerd & Taylor, 2020).

2-Anatomia dos Ureteres, da Bexiga e da Uretra

A urina formada nos nefrónios flui através da pelve renal e depois para os ureteres, que são longos tubos fibromusculares que ligam cada rim à bexiga; estes tubos estreitos, cada um com 24 a 30 cm de comprimento, têm origem na porção inferior da pelve renal e terminam no trígono da parede da bexiga. O movimento da urina de cada pelve renal através do ureter para a bexiga é facilitado pela contração peristáltica do músculo liso da parede do ureter. Para além disso, a bexiga urinária é um saco muscular distensível localizado atrás do osso púbico e a capacidade habitual da bexiga adulta é de 400 a 500 ml, mas pode distender-se para conter um volume maior. Além disso, a uretra surge da base da bexiga (Scanlon & Sanders, 2018) (Figura 2).

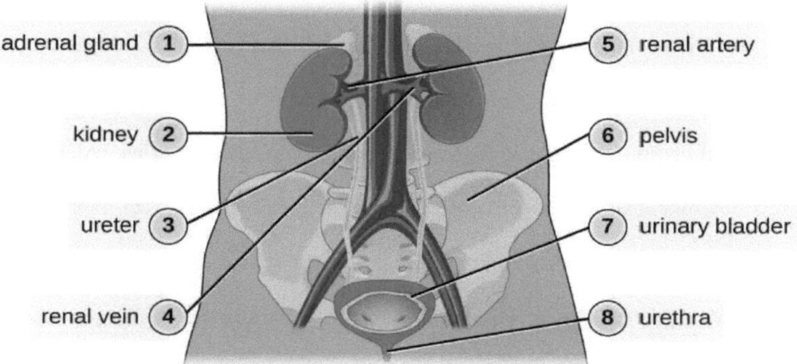

Figura 2. As estruturas do sistema urinário humano estão presentes tanto no sexo masculino como no feminino*: Delaney, Kowalewska, & Treuting, (2018). Sistema Urinário em Anatomia e Histologia Comparada (pp. 275-301). Academic Press, Disponível em @https://www. google .com /search?q = structures of the human urinary system.*

Fisiologia do rim

Os rins mantêm a homeostase do corpo, incluindo a regulação do equilíbrio ácido-base, a concentração de electrólitos, o controlo da pressão sanguínea e a secreção de hormonas, através da remoção e reposição de quantidades selecionadas de solutos e água do sangue, sendo o equilíbrio da água regulado pelos rins e produzindo a formação de urina. Portanto, a urina é formada no néfron que, várias substâncias excretadas na urina incluem sódio, cloreto, bicarbonato, potássio, glicose, ureia, creatinina e ácido úrico. Algumas destas substâncias são reabsorvidas seletivamente no sangue. Além disso, os rins mantêm o volume de electrólitos excretados por dia, que é igual à quantidade ingerida (Chalmers & Charlotte, 2019).

Relativamente à regulação do equilíbrio ácido-base, os rins têm duas funções principais: a primeira função é a reabsorção de bicarbonato do filtrado urinário para a circulação do corpo e a segunda função é a excreção de ácido na urina. Além disso, os rins desempenham um papel central na autorregulação da pressão arterial, onde vasos especializados nos rins chamados vasa reta monitorizam a pressão arterial no corpo uma vez, detectando uma diminuição da pressão arterial; células especializadas (células denta) segregam a hormona renina (Scanlon & Sanders, 2018).

A hormona renina converte o angiotensinogénio, que é produzido no fígado, na hormona angiotensina1 e, em seguida, a enzima de conversão da angiotensina, que se encontra nos pulmões, metaboliza a angiotensina1 em angiotensina2, o que provoca a constrição dos vasos sanguíneos e o aumento da pressão arterial. Além disso, a hormona angiotensina 2 estimula as glândulas supra-renais a segregarem a hormona aldosterona, que faz com que os túbulos renais retenham sódio e água e excretem potássio. Em conjunto, a angiotensina 2 e a aldosterona actuam no sentido de aumentar o volume sanguíneo, a pressão arterial e os níveis de sódio no sangue para restabelecer o equilíbrio de sódio e fluidos. Quando os vasos reconhecem o aumento da pressão sanguínea, as secreções de renina são interrompidas por um mecanismo de feedback negativo que reduz a produção ou a atividade para que um órgão ou sistema volte a funcionar normalmente (Fountain& Lappin, 2017).

Na literatura, existem muitas outras funções renais importantes, como a produção de glóbulos vermelhos, em que os rins detectam uma diminuição da concentração de oxigénio no fluxo sanguíneo renal e libertam a hormona eritropoietina

(EPO), que estimula a medula óssea a produzir glóbulos vermelhos que transportam oxigénio para todo o corpo (Gilan, Naseem, & Mohamed, 2018). Além disso, os rins têm um papel importante na prevenção de todos os tipos de distúrbios do sono (SD), como a síndrome das pernas inquietas, a apneia do sono, a sonolência diurna excessiva e a insónia (Maung et al., 2016).

A síndrome das pernas inquietas (SPI) é considerada uma perturbação sensório-motora que se manifesta por uma sensação nocturna incómoda no membro inferior, aliviada pelo movimento, causada pela queda dos níveis de ferritina no LCR durante a noite. A síndrome das pernas inquietas representa 3-7% na SD e 20-30% na ESRD. Os rins previnem a síndrome das pernas inquietas, que é responsável pela secreção de EPO dos néfrons que estimulam a medula óssea a secretar glóbulos vermelhos, evitando assim a deficiência de ferro que o ferro cerebral desempenha um papel importante na prevenção da SPI (Leschziner & Guy, 2018).

A apneia do sono é considerada um distúrbio crónico que provoca a paragem repetida da respiração enquanto o doente dorme, causada pela acumulação de excesso de fluido no pescoço a partir das pernas devido ao deslocamento rostral que - o fluido reentra no sistema venoso ao deitar-se, o volume sanguíneo das pernas diminui rapidamente o fluido distribuído para o peito, pescoço e cabeça com os efeitos da gravidade - também, diferentes posições durante a noite levam à restrição das vias aéreas superiores, colapso e taxas mais elevadas de apneia obstrutiva do sono (AOS), que representa 2-4% na SD e 50-60% na ESRD. Os rins desempenham um papel importante na prevenção da apneia do sono, removendo o excesso de fluidos do corpo, evitando assim o deslocamento rostral (Yayan, Rasche & Vlachou, 2017).

A sonolência diurna excessiva é o estado de alerta ao longo do dia, causado pela uremia e pela elevada prevalência de apneia do sono, representa 10-12% na SD e 50% na ESRD, pelo que a principal função do rim é a excreção de produtos residuais do metabolismo na urina (Maung et al.,2016).

A insónia é a incapacidade de adormecer ou de permanecer a dormir e caracteriza-se por uma má qualidade do sono e uma má qualidade de vida. Além disso, existem muitas causas para a insónia, uma vez que a idade avançada, o turno de diálise e a hormona melatonina desempenham um papel no desenvolvimento da insónia em doentes submetidos a hemodiálise. Além disso, a insónia representa 4-29% na SD e 50-75% na ESRD. Assim, os rins têm um papel muito importante na prevenção de todos os tipos de SD. Além disso, os rins previnem as tonturas através do controlo da pressão arterial; previnem a anemia e a insónia (Maung et al., 2016).

Visão geral da insuficiência renal

A doença renal pode agravar-se com o tempo e pode levar à insuficiência renal. A insuficiência renal (insuficiência renal), também conhecida como doença renal terminal (DRT), é uma situação clínica em que os rins funcionam a menos de 15% do normal. A insuficiência renal é classificada em insuficiência renal aguda, que se desenvolve rapidamente e pode ser resolvida; e insuficiência renal crónica, que se desenvolve lentamente e pode ser frequentemente irreversível. Os sintomas podem incluir pernas inchadas, sensação de cansaço, vómitos, perda de apetite e confusão. As complicações da insuficiência aguda e crónica incluem uremia, potássio elevado no sangue e sobrecarga de volume. As complicações da insuficiência crónica também incluem doenças cardíacas, hipertensão arterial e anemia (National Institute of Diabetes and Digestive and Kidney Diseases, 2017).

Fisiopatologia da Insuficiência Renal

Os rins filtram os resíduos e o excesso de água do sangue sob a forma de urina. Quando os rins não conseguem eliminar os resíduos metabólicos do organismo ou desempenhar as suas funções reguladoras, as substâncias que normalmente são eliminadas na urina acumulam-se nos fluidos corporais devido a uma excreção renal deficiente, a perturbações dos electrólitos e dos ácidos-base dos fluidos e a alterações das funções endócrinas e metabólicas. A insuficiência renal é uma doença sistémica e uma via final comum a muitas doenças diferentes dos rins e das vias urinárias. Todos os anos, o número de mortes por insuficiência renal irreversível aumenta. São muitas as causas que prejudicam a função renal, como a hipovolemia, a hipotensão, a redução do débito cardíaco e a insuficiência cardíaca e a obstrução do rim ou do trato urinário inferior por tumor, coágulo sanguíneo ou cálculo renal. Essas causas levam à rápida perda da função renal, causando insuficiência renal aguda (IRA) (Chen, Knicely & Grams, 2019).

Classificação da Insuficiência Renal

Insuficiência renal aguda

A insuficiência renal aguda é uma perda rápida da função renal devido a danos nos rins num espaço de horas, dependendo da duração e da gravidade da IRA.

As causas da IRA são classificadas em insuficiência pré-renal, intrarrenal e pós-renal. A insuficiência pré-renal, como (hemorragia, perdas do TGI, insuficiência cardíaca e sépsis); a intra-renal, como (isquemia, agentes nefrotóxicos e doença infecciosa); a insuficiência pós-renal, como (cálculos renais, tumores e estenoses) (Makris & Spanou, 2016).

A insuficiência renal aguda é comum e está associada a complicações graves a curto e a longo prazo. Para além disso, o diagnóstico de IRA baseia-se tradicionalmente num aumento da creatinina sérica e numa diminuição do débito urinário. Assim, o diagnóstico precoce e a identificação da etiologia subjacente são essenciais para orientar o tratamento. Se a IRA se mantiver por mais de 3 meses, pode levar à IRC (Ostermann & Joannidis, 2016).

Insuficiência renal crónica

A insuficiência renal crónica (IRC) é a 16.ª principal causa de morte a nível mundial e é definida como uma anomalia persistente na estrutura ou função renal (por exemplo, taxa de filtração glomerular TFG<60 ml/min/1,73 m^2) durante mais de 3 meses. A insuficiência renal crónica afeta de 8% a 16% da população mundial (Chen et al., 2019). Além disso, é considerado um indicador de lesão renal e diminui a função renal, além disso, está associado ao declínio da função renal relacionado à idade que, a incidência de pacientes com IRC aumentou particularmente, quando esses pacientes sofreram de hipertensão, diabetes, obesidade e IRA não tratada ou tratada incorretamente (Hill et al., 2016).

Os doentes com IRC não apresentam sintomas ou apresentam poucos sintomas até uma fase tardia, uma vez que a micção frequente durante a noite pode ser o sintoma mais precoce, a diminuição da micção, o inchaço das pernas, o inchaço da face, a falta de ar, a perda de peso acentuada, o hálito a amoníaco, as náuseas e a perda de apetite. Além disso, os doentes com IRC queixam-se de muitas complicações, tais como uremia, anemia, neuropatia periférica, osteopenia (redução do tecido ósseo), sobrecarga de fluidos, insuficiência cardíaca congestiva, hipertensão, pericardite, desequilíbrios electrolíticos e acidose metabólica. Além disso, a insuficiência renal crónica foi classificada em cinco fases, fases essas baseadas na TFG, sendo que a TFG normal é de 125ml/min/1,73m^2 (Webster, Nagle, Morton & Masson, 2017).

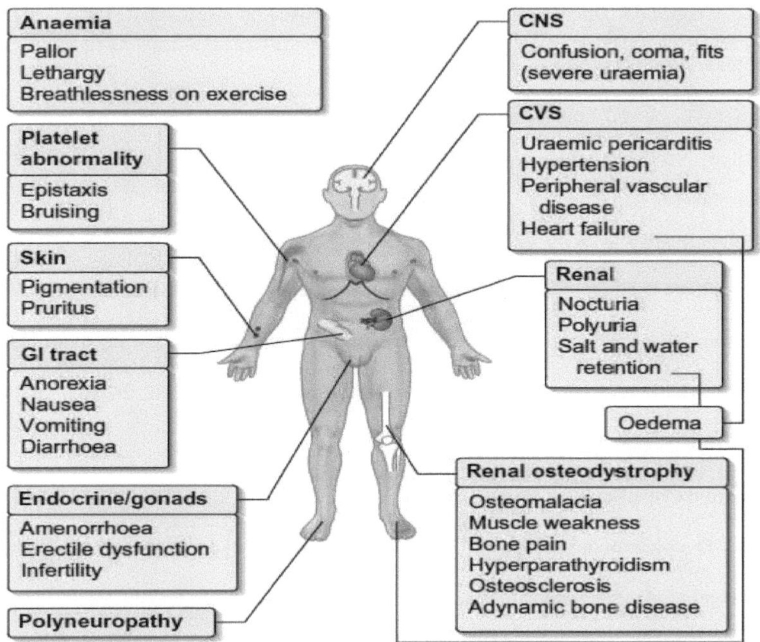

Figura 3. Sinais e sintomas da doença renal crónica. *Fairweather, Findlay, & Isles, (2020). Overview of Chronic Kidney Disease, In Clinical Companion in Nephrology (pp. 119-124). Springer, Cham, Disponível@https://phacdochuabenh.com/Clinical-Medicine/ 88 .php.*

Fases da doença renal crónica

Fase 1: Lesão renal com TFG normal ou aumentada (>90ml/min/1,73m2).

Fase 2: Diminuição ligeira da TFG (60-89ml/min/1,73m2).

Fase 3: Diminuição moderada da TFG (30-59ml/min/1,73m2).

Fase 4: Diminuição grave da taxa de filtração glomerular (15-29 ml/min/1,73m2).

Estádio5: Doença renal em fase terminal ESRD ou insuficiência renal crónica, GFR<15ml/min/

1,73 m2 (Doenges, Moorhouse & Murr, 2019).

A ESRD de estágio cinco ocorre quando os rins não conseguem remover os resíduos metabólicos do corpo ou realizar suas funções reguladoras, o que é uma condição de risco de vida e é uma disfunção renal irreversível que GFR <15 ml / min; portanto, esses pacientes precisam de intervalos regulares de diálise ou transplante renal para prevenir complicações graves e sustentar a vida (Hill et al., 2016).

Gestão da Insuficiência Renal Crónica

O objetivo do tratamento é manter a homeostase do organismo e é feito principalmente com medicamentos (aglutinantes de cálcio e de fosfato, agentes anti-hipertensores e agentes cardiovasculares, agentes anti-convulsivos, eritropoietina) e terapia dietética, embora a diálise seja necessária para diminuir o nível de produtos residuais urémicos no sangue e para controlar o equilíbrio eletrolítico. A seleção da modalidade de diálise, como a HD ou a DP, depende em grande medida da recomendação do médico, da preferência do doente e do seu estado clínico e social. A maioria dos doentes com ESRD opta por ser colocada numa máquina de HD vitalícia para manter a vida (Hill et al., 2016).

Visão geral da hemodiálise

O tratamento de hemodiálise é uma ferramenta que salva vidas para os doentes com ESRD, utilizando uma máquina para remover o sangue contaminado, limpá-lo e devolvê-lo ao corpo através de um filtro, chamado dialisador (referido como rim artificial) (Figura 4). Por conseguinte, o sangue é transportado de e para o corpo do doente através de uma veia criada cirurgicamente durante este processo, como a fístula arteriovenosa (AV), o enxerto arteriovenoso (AV) ou o cateter venoso (Mashkoor, 2016). O tratamento de hemodiálise é efectuado três vezes por semana, com uma duração de três a quatro horas; a duração do tratamento depende da quantidade de resíduos no corpo e do estado de saúde atual. Embora a hemodiálise seja o método mais comum para tratar a insuficiência renal, os doentes submetidos a HD continuam a ter uma vasta gama de problemas e complicações (Shim & Cho, 2017).

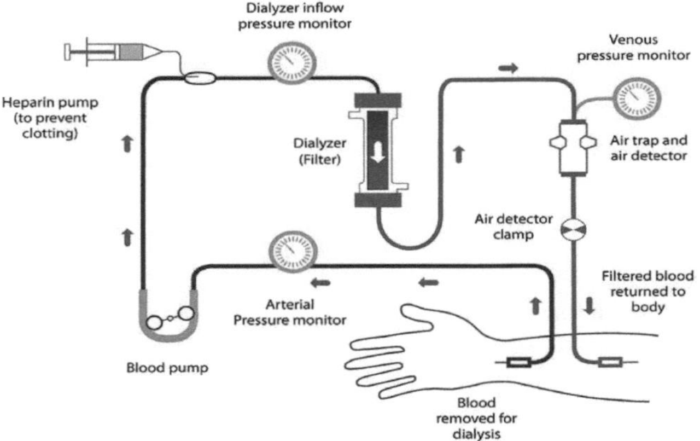

Figura 4. Método de hemodiálise. *Kallenbach, J. Z. (2020). Revisão da hemodiálise para enfermeiros e pessoal de diálise-e-book. Disponível em @https:/ /www. niddk.nih.gov/health-information/kidney-disease/kidney-failure/hemodialysis.*

Complicações da hemodiálise

Os pacientes submetidos à HD ainda apresentam uma ampla gama de problemas e complicações, como cãibras musculares, prurido, dor abdominal, hipotensão, hipertensão, vômitos, ganho de peso a curto prazo, constipação, dor torácica, falta de ar, desequilíbrio da diálise, inquietação, embolia aérea se o ar entrar no sistema vascular, náusea, anemia, dor de cabeça, tontura e distúrbios do sono (Pinheiro et al., 2017). Os sintomas mais relatados são cólicas (76%), cefaleia (54%), prurido (52%), dor nas costas (51%), tontura pós-diálise (63%) e distúrbios do sono (44% a 80%) (Fluck, 2016).

Perturbações do sono

Sono normal

O sono é um processo biológico essencial para a vida e para uma saúde óptima. É considerado um estado básico de descanso e bem-estar para a mente e o corpo; o sono é um período de restauração e preparação para o próximo período de vigília (Koketus, 2017). Além disso, desempenha um papel crítico na função cerebral e na fisiologia sistémica: incluindo o metabolismo, a regulação do apetite, o apoio ao funcionamento do sistema imunitário, hormonal, cardiovascular e a melhor forma de lidar com o stress, resolver problemas e recuperar de doenças (Tubbs, Dollish, Fernandez & Grandner, 2019).

O sono liberta a hormona do crescimento humano para a reparação e renovação das células epiteliais e especializadas, como as células cerebrais. Além disso, um sono normal e saudável é caracterizado por uma duração suficiente, boa qualidade, horários e regularidade adequados e ausência de perturbações do sono. Também é mencionado na literatura que o sono é promovido por ciclos naturais de atividade no cérebro e consiste em dois estados básicos: o sono de movimento não rápido dos olhos (NREM) e o sono de movimento rápido dos olhos (REM) (Medic et al., 2017).

Ciclo do sono:

No ciclo do sono, existem dois tipos de sono: o sono (NREM) e o sono (REM) (Figura 5). Cada ciclo de sono ocorre num período de 90 a 120 minutos; estima-se que estes ciclos sejam de cinco ciclos de sono por noite, o que corresponde a 7,5 horas de sono. Normalmente, as pessoas começam o ciclo de sono com um período de sono NREM seguido de um período muito curto de sono REM (Tubbs et al., 2019).

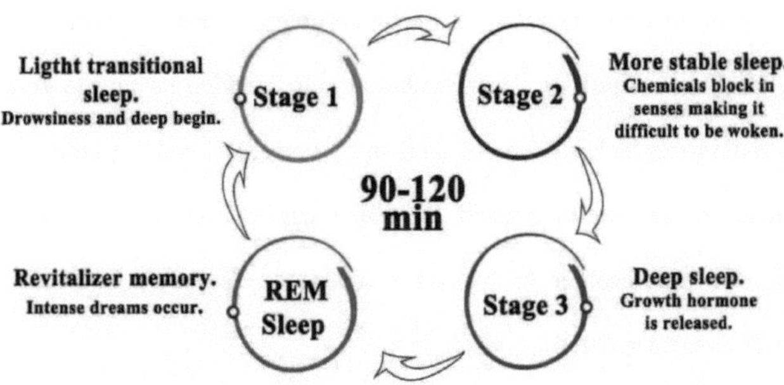

Figura 5. Fases do ciclo do sono. *Chokroverty & Ferini-Strambi, (2017). Oxford textbook of sleep disorders. Oxford University Press .disponível em* https://www.aastweb.org/blog.

Sono sem movimentos oculares rápidos:

Caracteriza-se por movimentos lentos dos olhos e pela ausência de sonhos. Representa cerca de 80% do sono, sendo que o sono de um adulto saudável varia entre sete e oito horas por noite. Além disso, este período é muito importante para o corpo que, o corpo repara e regenera os tecidos, constrói ossos e músculos e fortalece o sistema imunitário (Patel& Araujo, 2018). Além disso, há muitas mudanças fisiológicas que ocorrem durante o sono NREM, como ondas cerebrais lentas e de alta voltagem no eletroencefalograma (EEG), respiração e frequência cardíaca lentas e regulares, pressão arterial baixa e atividade cognitiva fragmentada (Carley & Farabi, 2016). Para além disso, o sono NREM envolve o sono leve e o sono profundo; o primeiro surge no ciclo de sono seguido de um curto período de sono REM (Chokroverty & Ferini-Strambi, 2017).

O sono NREM divide-se em quatro fases; cada fase pode durar de 5 a 15 minutos ou mais; estas fases são as seguintes **Fase Um**: Esta fase inclui o nível mais leve de sono; esta fase dura 5 a 10 minutos. É o período de transição entre a vigília e o sono; ocorre também entre o sono profundo (fase quatro) e o sono REM. Caracteriza-se pela diminuição da atividade fisiológica, começa com a queda gradual dos sinais vitais e do metabolismo, estímulos sensoriais como o ruído e uma pessoa nesta fase do sono NREM pode facilmente acordar (Sachdeva, 2019). **Fase dois**: Esta fase inclui o relaxamento progride, período de sono profundo, a excitação ainda é relativamente fácil, dura 10 - 20 minutos e as funções do corpo continuam a abrandar (Sachdeva, 2019).

Terceira fase: É considerada uma fase inicial de sono profundo que, é difícil despertar o dorminhoco e raramente se move, o consumo de oxigénio, os músculos estão completamente relaxados, os sinais vitais diminuem mas, permanecem regulares e dura 15-30 minutos. Além disso, esta fase do sono NREM ajuda o corpo a reparar e regenerar os tecidos e o cérebro tem a capacidade de eliminar os resíduos tóxicos (Brinkman & Sharma, 2019). **Quarta fase**: É a fase mais profunda do sono; é muito difícil despertar a pessoa que dorme, os sinais vitais são significativamente mais baixos do que durante as horas de vigília, esta fase dura aproximadamente 15-30 minutos. Além disso, esta fase do sono NREM ajuda o corpo a reparar e regenerar os tecidos, estimula o crescimento e o desenvolvimento, melhora a função imunitária e acumula energia para o dia seguinte. Além disso, o sono NREM pode repetir-se até se atingir o sono REM (Dijket al., 2019).

Sono de movimento rápido dos olhos:

É uma fase única do sono, caracterizada por movimentos rápidos e aleatórios dos olhos e acompanhada por um baixo tónus muscular em todo o corpo e pela tendência da pessoa que dorme para sonhar claramente. Além disso, o sono REM compreende cerca de 20-25% do sono total em adultos saudáveis que dormem durante sete a oito horas por noite (Blumberg, Lesku, Libourel, Schmidt & Rattenborg, 2020). Além disso, esse estágio desempenha um papel importante na regulação das emoções e vincula essas emoções às memórias, diminui a depressão; ansiedade; melhorar a função cognitiva e fornecer benefícios gerais à saúde (Miller & Gehrman, 2019). Além disso, existem muitas alterações fisiológicas que ocorrem durante o sono REM, como pressão arterial baixa, respiração rápida irregular e frequência cardíaca, perda de tónus muscular esquelético e aumento da secreção gástrica (Jawabri, & Raja, 2020).

Alterações fisiológicas nos sistemas do corpo durante o sono:

Cardiovasculares: A pressão arterial diminui durante o sono NREM e REM em cerca de 10% e a frequência cardíaca diminui em 5% a 10%.O mecanismo para este declínio é causado pela queda da atividade simpática durante o sono, que é responsável pela queda da pressão arterial, débito cardíaco e resistência vascular sistémica. Essa queda é acompanhada por um aumento da atividade parassimpática (nervo vagal) que se acredita ser responsável pela bradicardia do sono. Assim, o equilíbrio da atividade parassimpática/simpática é alterado durante o sono NREM, sendo o parassimpático dominante (Benarroch, E. E, 2019).

Respiratório: Há uma diminuição da frequência respiratória e uma redução do tónus muscular das vias aéreas superiores, o que leva a uma diminuição da ventilação alveolar (Carley & Farabi, 2016).

Fluxo sanguíneo cerebral: O sono NREM está associado a reduções significativas do fluxo sanguíneo e do metabolismo, enquanto o fluxo sanguíneo total e o metabolismo no sono REM são comparáveis aos da vigília (Carley & Farabi, 2016).

Renal: Há uma diminuição da excreção de sódio, potássio, cloreto e cálcio durante o sono, o que permite um fluxo de urina mais concentrado e reduzido. Portanto, as alterações que ocorrem durante o sono na função renal são complexas e incluem alterações no fluxo sanguíneo renal, na filtração glomerular e na secreção de hormonas (Chokroverty, Ferini-Strambi, 2017).

Endócrinas: As funções endócrinas, tais como a hormona do crescimento, a hormona da tiroide e a secreção de melatonina, são influenciadas pelo sono, uma vez que a secreção da hormona do crescimento ocorre normalmente durante as primeiras horas após o início do sono, enquanto a secreção da hormona da tiroide ocorre no final da noite (Chokroverty, Ferini-Strambi, 2017).

No que diz respeito à importância do sono nos sistemas corporais, há muitos factores que contribuem para causar problemas de sono, tais como o estilo de vida e os factores ambientais, questões psicossociais e condições médicas. Existem cerca de 100 classificações de distúrbios do sono, no entanto, estes manifestam-se geralmente de uma das três formas seguintes: incapacidade de obter a quantidade ou a qualidade de sono necessárias (privação do sono), incapacidade de manter a continuidade do sono - (sono interrompido, também designado por fragmentação do sono, dificuldade em manter o sono e insónia média) - e eventos que ocorrem durante o sono (por exemplo, apneia do sono e síndrome das pernas inquietas) (Medic et al., 2017).

Perturbações do sono

As perturbações do sono são comuns em doentes com doença renal em fase terminal, particularmente nos que são submetidos a terapias de diálise. Verificou-se que 44%-80% dos doentes com doença renal em fase terminal (ESRD) referiram queixas de sono. Além disso, os distúrbios do sono nesta população estão associados a uma má qualidade de vida, depressão, aumento da inflamação sistémica, risco cardiovascular e mortalidade (Danielle et al., 2017). Além disso, muitos fatores de risco têm sido associados a distúrbios do sono em pacientes com ESRD, como idade avançada, turno de diálise (manhã ou noite), anemia, hipoalbuminemia, hormona paratiroideia (PTH) elevada e dor crónica. Além disso, os distúrbios do sono incluem uma vasta gama de perturbações, como a insónia, a perturbação respiratória relacionada com o sono e a perturbação do ritmo circadiano sono-vigília. A maioria destes distúrbios foi descrita em doentes submetidos a hemodiálise, mas a apneia do sono, a síndrome das pernas inquietas, a sonolência diurna excessiva e a insónia são os mais frequentes (Danielle et al., 2017).

Insónia

A insónia é a perturbação do sono mais comum que afecta milhões de pessoas como condição primária ou comórbida - incluindo doentes em hemodiálise. Define-se como a sensação subjectiva de um sono curto e/ou insatisfatório ou de dificuldade em adormecer e/ou de despertar durante a noite. Além disso, na maioria dos casos, o diagnóstico de insónia baseia-se apenas no historial do doente; normalmente, para aceitar estes sintomas, estes devem estar presentes pelo menos três a quatro vezes por semana durante várias semanas (Hamzi et al., 2017).

A etiologia da insónia é frequentemente multifatorial, como alterações bioquímicas e metabólicas, factores de estilo de vida, depressão, ansiedade, e outros factores que afectam o sono e influenciam a eficácia das terapias para a insónia. Exemplos destes factores incluem condições médicas como a apneia obstrutiva do sono, síndrome das pernas inquietas, perturbações da saúde mental e dor. Também as complicações da ESRD, como a acumulação de toxinas urémicas e a inflamação, bem como os aspectos da prescrição da diálise, como a modalidade, o turno e a frequência da diálise, podem afetar o sono. Não só estas, mas também a higiene do sono, como a sesta, causam alterações na estrutura do sono e no ritmo circadiano (Flythe et al., 2018).

Fisiopatologia da insónia

Existem alterações no ritmo circadiano, na estrutura do sono e na atenuação do aumento noturno da melatonina nos doentes com ESRD. Num estudo realizado com mais de 1600 doentes em hemodiálise, 50% tinham dificuldade em adormecer, 50% acordavam durante a noite e 49% despertavam de manhã cedo; mais de metade referiu um ou mais destes sintomas relacionados com o sono durante todo ou quase todo o tempo. Além disso, a insónia está associada a uma pior qualidade de vida e a uma maior mortalidade entre os doentes em hemodiálise (Flythe et al., 2018).

A insónia pode ter as seguintes consequências a longo e a curto prazo: As consequências a longo prazo incluem a hipertensão, uma vez que a pressão arterial (PA) varia ao longo de 24 horas. Durante o sono normal, a PA normalmente diminui 10% ou mais, começa a subir algumas horas antes de acordar e continua a subir durante o dia, pelo que as pessoas com insónias que dormem menos de cinco horas por noite têm cinco vezes mais probabilidades de desenvolver PA elevada (Thomas & Calhoun, 2017). Além disso, a insónia pode causar doenças cardiovasculares cujos supostos mecanismos se devem provavelmente ao aumento da atividade do sistema nervoso simpático, à alteração do metabolismo da glicose e possivelmente à inflamação (Javaheri, & Redline, 2017).

Além disso, a dislipidemia pode ocorrer devido à fragmentação do sono que pode prejudicar o metabolismo lipídico (Lovato & Lack, 2019). Além disso, problemas relacionados ao peso podem ocorrer como resultado da insônia devido ao seu efeito no metabolismo energético por dois mecanismos; o primeiro mecanismo está prejudicando a sensibilidade à insulina que se deve à incapacidade da glicose de se mobilizar independentemente de uma resposta à insulina ou a glicose não responde à resposta à insulina e o segundo está aumentando a ingestão de alimentos, levando ao ganho de peso (Medic et al., 2017).

No que diz respeito às consequências a curto prazo da insónia, estas envolvem o comprometimento do funcionamento diurno, o aumento da reatividade ao stress, a fragmentação e a interrupção do sono, o que leva a um aumento da ativação autonómica simpática. Além disso, a insónia reduz a qualidade de vida, causa angústia emocional, perturbações do humor, cognitivas e de memória e défice de desempenho.

Além disso, a insónia altera a cognição e o desempenho em muitos domínios, incluindo a atenção, a função administrativa, a reatividade emocional, a formação da memória, a tomada de decisões, o comportamento de risco, o julgamento, a fadiga e as tonturas (Medic et al., 2017).

A dor crónica; o stress; a idade avançada; o turno de diálise; a melatonina desempenham todos um papel no desenvolvimento da insónia nos doentes submetidos a hemodiálise (Brown & Unruh 2020). A insónia tem um impacto considerável na qualidade de vida dos doentes em diálise. Por isso, é essencial procurá-la e, especialmente, determinar os factores associados a serem controlados (Arache, Laboudi, Ouanass & El Kabbaj 2019). Além disso, Lufiyani, Zahra, & Yona (2019) destacaram que a prevalência de insónia tende a aumentar.

Tratamento farmacológico da insónia

O principal objetivo do tratamento da insónia é melhorar a qualidade subjectiva e objetiva do sono para eliminar ou reduzir a insónia e melhorar o funcionamento durante o dia. Assim, o tratamento farmacológico está sobretudo indicado para a insónia transitória. Existem muitos medicamentos que são utilizados para tratar a insónia nos doentes submetidos a HD. Embora as benzodiazepinas sejam habitualmente utilizadas como hipnóticos e tenham demonstrado ser eficazes no tratamento da insónia, os medicamentos também têm sido associados a uma série de efeitos adversos como a dependência, o abuso e a potencial diminuição do desempenho cognitivo e psicomotor durante o dia. Além disso, os seus efeitos adversos na respiração e a perturbação da arquitetura normal do sono com uma redução do movimento rápido dos olhos (REM) (Maung et al., 2016).

A medicação antidepressiva sedativa é útil no tratamento de pacientes com depressão e insónia, mas todos os antidepressivos têm efeitos secundários potencialmente significativos, tais como tonturas, sedação e comprometimento psicomotor, o que suscita preocupações quanto à sua utilização, especialmente nos idosos (Wichniak, Wierzbicka, Walęcka & Jernajczyk, 2017). Os anti-histamínicos também são utilizados para tratar a insónia e fazer com que os doentes se sintam sonolentos, mas aumentam o risco de demência. É importante enfatizar que estes medicamentos não melhoram o sono e não são úteis no tratamento da insónia crónica (Grima, Bei & Mansfield, 2019).

Além disso, a melatonina promove o sono e é segura para utilização a curto prazo. É uma hormona natural que desempenha um papel no ciclo sono-vigília e é sintetizada principalmente pela glândula pineal localizada no cérebro. Assim, é recomendada em doentes com insónia para a regulação e melhoria do ciclo sono-vigília com a dose de 3 mg de melatonina administrada ao deitar, melhorando respetivamente os parâmetros subjectivos e objectivos do sono, sem efeitos secundários significativos relatados como uso a curto prazo. Apesar disso, o uso contínuo de melatonina é uma opção segura e bem tolerada, mas, com o uso a longo prazo, não mantém sua eficácia em um ano (Maung et al., 2016). Por conseguinte, os enfermeiros de diálise têm um papel primordial na realização de avaliações multidimensionais dos doentes, para compreender os processos da doença e assegurar que as co-morbilidades e a carga de sintomas das co-morbilidades são adequadamente identificadas e geridas. Isto requer um conjunto único de competências e conhecimentos especializados para permitir a prestação de cuidados centrados na pessoa aos doentes com IRC (Chu, Szymanski, Tomlins, Yates & McDonald, 2018).

Gestão de enfermagem da insónia

A gestão de enfermagem tem um impacto significativo na recuperação do doente, pelo que o enfermeiro desempenha um papel importante na gestão da insónia entre os doentes em HD. Em primeiro lugar, através da avaliação, o enfermeiro identifica as alterações que podem levar ao diagnóstico de insónia nos hábitos de sono habituais do doente, a qualidade do sono recente como parte da história de enfermagem inicial. Se a qualidade do sono for considerada má, explorar a natureza da perturbação, registando o seguinte: Avaliar a gravidade da insónia através da observação e da pergunta sobre a dificuldade em adormecer, dificuldade em manter um problema de sono, acordar demasiado cedo, além disso, medir a satisfação do doente com o padrão de sono e medir o efeito da insónia na qualidade de vida utilizando a ferramenta do índice de gravidade da insónia (Lufiyani et al., 2019).

Além disso, é importante avaliar a hora da sesta, o número de horas de sono durante a noite e quaisquer factores de stress que estejam a afetar o doente e os padrões de consumo, como o consumo de cigarros antes das horas de sono. Além disso, o enfermeiro deve avaliar e registar todos os medicamentos e suplementos prescritos e de venda livre para determinar se alguma destas substâncias tem o potencial de interferir com o sono do doente. Além disso, os relatórios do parceiro de sono sobre quaisquer irregularidades em termos de sono, como ressonar, períodos de apneia e movimentos de pernas inquietas, que os doentes provavelmente desconhecem (Lenggogeni, Sitorus& Maria, 2019).

Com base nos dados da avaliação, o enfermeiro deve preparar diretrizes de intervenção educativa, uma vez que Taha & Ali, (2015) desenvolveram diretrizes para ajudar a melhorar o sono do doente através do seguinte:

-Evitar bebidas com cafeína e nicotina pelo menos seis horas antes de se deitar e comer refeições regularmente e não ir para a cama com fome ou de estômago cheio.

Evitar sestas se tiver dificuldade em adormecer à noite e estabelecer uma rotina regular para a hora de deitar e acordar de manhã

-Utilize a cama apenas para dormir, mas evite ler ou ver televisão e elimine os relógios no quarto.

Utilizar algumas manobras para reduzir a tensão músculo-esquelética antes de dormir, como a respiração calma, os exercícios de relaxamento e o treino de relaxamento.

-Aumentar o conhecimento do paciente relativamente à sua condição e ao tratamento relacionado; fornecer informações orais ou escritas, conforme apropriado, sobre a medicação, o calendário de acompanhamento, os recursos comunitários e as opções de tratamento.

Além disso, as intervenções de enfermagem incluem educação, formação, métodos comportamentais, cognitivos e dietéticos que ajudam os doentes a adquirir mais conhecimentos sobre a diálise, para além de melhorarem a sua adesão a este tratamento (Hare, Clark-Carter, Forshaw, 2014). Além disso, os enfermeiros devem ter em consideração, ao cuidar de pacientes com insónia, os aspectos físicos, psicológicos e sociais da vida de um paciente, através do fornecimento de diálise ideal, um ambiente de apoio, educação abrangente-contínua e garantia de cuidados holísticos (Taha & Ali, 2015).

Tonturas

A tontura é um termo utilizado para descrever uma série de sensações, tais como sentir-se com a cabeça leve, desmaiar, tonto, fraco ou instável e representa 63% dos doentes com DH (Fluck, 2016; Kesser & Gleason, 2018).

Causas de tonturas

- **Queda súbita da tensão arterial**. A tensão arterial baixa ocorre quando é retirado demasiado líquido do sangue durante os tratamentos, o que provoca uma descida da tensão e tonturas, bem como náuseas e síndroma de desequilíbrio.
- **Diminuição do volume sanguíneo**. Uma diminuição do volume sanguíneo pode causar um fluxo sanguíneo inadequado para o cérebro. Existem muitas condições que podem causar tonturas, tais como cardiomiopatia, ataque cardíaco, arritmia cardíaca e ataque isquémico transitório
- **Medicamentos.** As tonturas podem ser um efeito secundário de determinados medicamentos, como os anti-convulsivos, os antidepressivos e os sedativos. Em particular, os medicamentos para baixar a tensão arterial podem causar desmaios

- **Anemia** (baixo teor de ferro). A anemia causa fadiga, fraqueza e tonturas (Kesser & Gleason, 2018).

No que diz respeito às complicações da tontura, existem duas consequências a curto prazo: a- as consequências a curto prazo da tontura podem levar a um aumento do risco de queda, lesões e efeitos nas actividades da vida diária e b- resultados a longo prazo como tontura crónica (Sattar et al., 2016). E tratada principalmente por meio de dois medicamentos prescritos, anti-histamínicos e anticolinérgicos, mas como qualquer medicamento tem muitos efeitos adversos que mantêm o enfermeiro alerta e fornecem gerenciamento de enfermagem essencial para pacientes em hemodiálise que sofrem de tontura (Dyhrfjeld-Johnsen & Attali, 2019).

Gestão de enfermagem das tonturas

As tonturas podem afetar negativamente a vida do doente e causar lesões. Uma vez que a causa das tonturas pode ser difícil de diagnosticar, a gestão de enfermagem deve centrar-se no alívio das tonturas. O principal objetivo da intervenção de enfermagem é evitar as complicações da tontura, diminuir ou prevenir o risco de lesões, eliminar o stress e a ansiedade, promover o estado de saúde do doente e melhorar a qualidade de vida. Além disso, as estratégias de tratamento devem incluir a monitorização frequente para melhorar a saúde geral ou para lidar com outras condições que possam contribuir para a tontura, medidas de segurança para evitar quedas, educação do doente sobre como lidar com a tontura (Gerretsenet al., 2019).

O enfermeiro deve recolher a história das tonturas, identificar as causas das tonturas, determinar o início, a duração, o número de episódios, os factores desencadeantes das tonturas e avaliar a medicação; alguns medicamentos provocam tonturas, como os anti-hipertensores, os ansiolíticos e os hipnóticos. Avaliar também o grau de anemia; os sinais vitais, especialmente a tensão arterial, com frequência. Além disso, é essencial avaliar o ambiente ao redor do paciente para fatores conhecidos por aumentar o risco de queda, como ambiente desconhecido e objetos no chão, além de avaliar os problemas psicológicos, como fadiga, depressão, distúrbios do sono e tontura entre os pacientes em HD (Pfieffer, Anthamatten & Glassford 2019).

Também ajudar e aconselhar o doente a mudar de posição lentamente, ensinar o doente a evitar mudanças bruscas de posição, evitar estar de pé durante pouco tempo, comer pequenas refeições frequentemente ao longo do dia para evitar a tensão arterial baixa e a sensação de tonturas, fazer compressas frias e massagens na cabeça e no pescoço para reduzir a sensação de tonturas e ensinar ao doente algumas técnicas de relaxamento (Park & Lee, 2019, Lam et al., 2019).

Além disso ,elevar a cabeceira da cama conforme tolerado e incentivar exercícios de respiração profunda, ensinar o doente a ingerir fontes de nutrientes que incluam ferro, ácido fólico e vitamina B12 em quantidades de acordo com a prescrição médica, ensinar o doente a monitorizar frequentemente o nível de hemoglobina e tomar a medicação adequada para a anemia, que é uma das razões das tonturas (Fraenkel, 2015).

Gestão de Enfermagem de Pacientes em Hemodiálise

A intervenção de enfermagem tem sido progressivamente identificada como sendo cada vez mais importante para a melhoria da adesão do paciente à diálise. Tais intervenções, incluindo educação, formação e introdução comportamental, ajudam os doentes a adquirir mais conhecimentos sobre a diálise e a desenvolver hábitos de vida saudáveis (Wang et al., 2018).

O enfermeiro de nefrologia desempenha um papel vital na gestão dos doentes submetidos a HD, verificando os sinais vitais do doente e avaliando o seu estado, ensinando os doentes sobre a doença, o seu tratamento e respondendo a quaisquer perguntas, supervisionando o tratamento de diálise do início ao fim, certificando-se de que os doentes recebem os medicamentos corretos prescritos, avaliando a reação do doente ao tratamento de diálise e aos medicamentos, revendo o trabalho de laboratório do doente, os medicamentos e as actividades em casa e fornecendo aos médicos informações sobre as alterações no estado do doente (Ali, Salem& Salem, 2015).

Além disso, a hemodiálise requer cuidados de enfermagem especializados que incluem relações terapêuticas e interpessoais. Para além de prestar cuidados de elevada qualidade aos doentes em hemodiálise, é uma prioridade para os enfermeiros que os enfermeiros de nefrologia desempenham um papel crítico e valioso na determinação da eficiência e da qualidade dos cuidados que os doentes recebem. Uma vez que a HD provoca grandes quantidades de medo e stress, os doentes em HD experimentam normalmente níveis mais elevados de stress psicossocial em comparação com os níveis de stress fisiológico, devido ao baixo conhecimento dos autocuidados, ao fraco desempenho nos autocuidados e ao sentimento de impotência. O conhecimento dos enfermeiros sobre cuidados de alta qualidade e os meios de os prestar pode aumentar a satisfação dos doentes e melhorar os cuidados orientados para os doentes (Nobahar, 2017).

As competências de enfermagem em hemodiálise envolvem não só o trabalho em equipa, mas também boas competências de avaliação, competências técnicas, comunicação terapêutica, competências de colaboração, competências de documentação, boa atenção aos pormenores e qualidades de liderança. Existem muitas áreas de conhecimento que os enfermeiros de nefrologia fornecem aos seus doentes, para além dos aspectos técnicos dos cuidados de diálise. Algumas delas podem incluir os papéis de cuidador, defensor, educador, facilitador e mentor ((Richards, 2016; Wang et al., 2018).

Além disso, ensinar os doentes a gerir os seus problemas, tais como a manutenção de uma pressão arterial aceitável para controlar a pressão arterial elevada, a restrição da ingestão de líquidos deve ser de 500 ml para reduzir a retenção de sal e água, a utilização de medicamentos antipruriginosos prescritos para reduzir o prurido resultante da retenção de ureia e produtos fosfatados. Incentivar o paciente a realizar lavagens bucais frequentes e a tomar pequenas refeições que são oferecidas numa variedade de intervalos durante o dia para minimizar a anorexia (Terrill, 2016).

Assim, dada a importância do efeito da insónia e da tontura no sistema corporal, na qualidade de vida, no funcionamento diário e no efeito adverso dos tratamentos farmacológicos, levou à procura de abordagens complementares de saúde (CHAs) que se concentram no relaxamento, na redução do stress, ajudam a acalmar as emoções, aliviam a ansiedade, aumentam a sensação geral de saúde e bem-estar, melhoram o sono e aliviam os sintomas de tontura (Wagner, C. 2020; Yeung et al., 2018). O enfermeiro deve estar atento e procurar abordagens complementares de saúde (CHAs) para melhorar o sono e as tonturas. Além disso, os enfermeiros promovem as terapias complementares como uma oportunidade de personalizar o cuidado e a prática de forma humanística, obter alta qualidade de atendimento aos pacientes, reduzir a terapia farmacológica e suas complicações (Hall, Leach, Brosnan & Collins, 2017). É referido na literatura que as terapias mais utilizadas nos ACS são a hidroterapia, o biofeedback, a aromaterapia, a técnica de relaxamento, a massagem, a acupunctura e a terapia de acupressão (Bossola et al., 2017)

Terapia de acupressão

A terapia de acupressão é a quinta mais utilizada nos ACS e teve origem na China antiga, sendo considerada uma modalidade de tratamento na Medicina Tradicional Chinesa (MTC) e uma variante não invasiva da forma de acupunctura . Além disso, a acupressão é um tipo específico de massagem e demonstrou um potencial terapêutico superior contra numerosas doenças. Esta técnica foi realizada através da aplicação de pressão e massagem dos polegares ou dedos e palmas das mãos em pontos específicos colocados ao longo dos meridianos para restabelecer o fluxo e o equilíbrio da energia fisiológica através do corpo e regular as forças opostas de energia negativa e positiva. Não só trata os campos energéticos e o corpo, mas também a mente, as emoções e o espírito (Mehta et al., 2017).

A literatura salienta que os meridianos são os canais no interior do corpo humano que ajudam a manter a energia e a estabilidade do estado de saúde. Cada meridiano está ligado a vários órgãos e tecidos do corpo humano. Estes meridianos de energia são essenciais para manter a saúde do corpo. Se este fluxo de energia for bloqueado ou não for completamente causado por stress, má alimentação, drogas, lesões e traumatismos, etc., o corpo deixa de conseguir manter o equilíbrio necessário para manter uma energia elevada e lidar com problemas de saúde. Além disso, ao longo dos meridianos encontram-se pontos de acupressão ou acupontos, que podem ter efeito terapêutico para certas condições médicas quando estimulados por pressão e massagem (Waits, Tang, Cheng, Tai & Chien, 2018).

Os acupontos são um conjunto de pontos de pressão em todo o corpo humano. O acuponto é o ponto mais próximo da superfície da pele e a ativação do acuponto é considerada o primeiro passo no procedimento de acupressão, onde existe uma área de elevada condutância eléctrica na superfície do corpo. Além disso, sabe-se que a estimulação de pontos de acupunctura específicos provoca ou desperta respostas funcionais que podem ser utilizadas para tratar muitas doenças. Além disso, a aplicação de pressão em diferentes pontos causa efeitos físicos diferentes de acordo com a localização (Wang & Hou, 2019).

A localização de cada ponto de acupressão num meridiano específico é determinada em termos de polegada corporal ou cun, polegada /cun é conhecida como Unidades de Medida de Acupressão (AUM). Assim, uma polegada/cun equivale à largura de um polegar na base da unha do dedo. Além disso, os pontos de acupressão podem ser activados pelos cotovelos, dedos, pés, palmas das mãos, polegar ou instrumentos específicos. Por conseguinte, a ativação de pontos específicos nestes meridianos por pressão e massagem facilita a redução da dor, ajuda a aliviar o stress e a tensão, relaxa os músculos e as articulações, melhora o sono, minimiza as dores de cabeça; promove a circulação sanguínea e reforça a imunidade, além de tratar os sintomas de tonturas (Figura 6). Além disso, a acupressão é caracterizada por uma intervenção de cura manual, sem agulhas, não invasiva, rentável e não farmacológica para promover o bem-estar do paciente através da acupressão que estimula o sistema nervoso central e liberta substâncias químicas nos músculos, na espinal medula e no cérebro. Estas alterações bioquímicas podem estimular as capacidades naturais de cura do corpo e promover o bem-estar físico e emocional (Waits et al., 2018).

Figura6. Melhores pontos de acupressão eficazes para distúrbios do sono (2017). *Disponível em @https://acupressurepointsguide. com/acupressure-points-for-sleeping-disorders/.*

O mecanismo bioquímico da acupressão envolve a estimulação dos pontos de acupunctura que conduz a respostas neuro-hormonais complexas. Além disso, modula ou ajusta a resposta fisiológica aumentando a transmissão de endorfina e serotonina para o cérebro e órgãos específicos através de nervos e meridianos que proporcionam relaxamento para o corpo e melhoram o sono e reduzem os sintomas de tonturas. Também afecta o nível da hormona de stress e do ácido lático, restaurando o equilíbrio do corpo e permitindo que a energia circule adequadamente ao desbloquear as vias meridianas (Figura 6). Isto promove uma maior sensação de bem-estar ao eliminar os bloqueios causados pelo stress (Mehta et al., 2017).

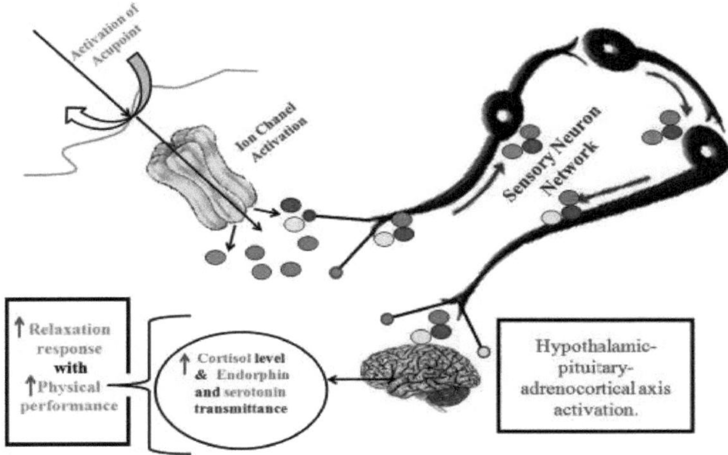

***Figura** 7.* Mecanismo da acupressão. *Mehta, Dhapte, Kadam, & Dhapte (2017). Disponível em @https://www.sciencedirect.com/.*

A acupressão dos meridianos ajuda a alterar a concentração das hormonas do stress e do ácido lático, onde a acupressão ativa fibras neurais mielinizadas que estimulam o hipotálamo e a glândula pituitária, levando à libertação de *β-endorfinas* do hipotálamo para o líquido cefalorraquidiano e da pituitária para a corrente sanguínea. Assim, o efeito analgésico e sedativo das β-endorfinas facilita o repouso e o relaxamento (Mehta et al., 2017). Dada a importância da acupressão no corpo, os enfermeiros de nefrologia devem estar cientes dos ACS, especialmente da acupressão para controlar os sintomas da DH e tratar a insónia e as tonturas.

Em suma, os doentes em hemodiálise de manutenção queixam-se habitualmente de insónias e tonturas. A má qualidade do sono prejudica a sua qualidade de vida e afecta negativamente os resultados a longo prazo. A terapia de acupressão é uma forma popular de medicina complementar na China que trata várias doenças através da estimulação de pontos específicos. A aprendizagem da técnica de acupressão como uma abordagem não farmacológica enriquece os conhecimentos dos enfermeiros e permite-lhes ganhar experiência que pode ser levada para o contexto clínico e, consequentemente, otimizar a qualidade dos cuidados prestados aos doentes.

Métodos

Objetivo do estudo

O objetivo do presente estudo foi avaliar o efeito da terapia de acupressão na insónia e nas tonturas em doentes submetidos a hemodiálise.

Hipóteses de investigação

Para cumprir o objetivo do estudo, foram formuladas as seguintes hipóteses de investigação

H_I : Os pacientes do grupo de estudo que receberam terapia de acupressão terão pontuações médias de insónia significativamente mais baixas do que o grupo de controlo que recebeu cuidados hospitalares de rotina.

H_2 . Os pacientes do grupo de estudo que receberam terapia de acupressão terão uma pontuação média de tonturas significativamente mais baixa do que o grupo de controlo que recebeu cuidados hospitalares de rotina.

Conceção da investigação:

Neste estudo, foi utilizado um desenho quase experimental (desenho de séries temporais) para estimar o impacto causal da terapia de acupressão (variável independente) no nível de insónia e de tonturas (variável dependente) em doentes submetidos a hemodiálise. Esta conceção não tem o elemento da atribuição aleatória, mas exerce certos controlos ao utilizar um critério diferente da atribuição aleatória, como a elegibilidade e o ponto de corte. Além disso, a conceção de séries cronológicas é criada para reforçar a conceção quase-experimental. Esta conceção considera a recolha de observações sequencialmente ao longo do tempo (Chatfield, 2016).

Definição

O presente estudo foi realizado no Kasr EL-Aini Center (Nephrology-Dialysis - Transplantation) do Hospital Universitário do Cairo, que consiste em dois lados com uma capacidade total de 45 camas para doentes em HD. O primeiro lado é composto por duas salas para o vírus da hepatite C (VHC) positivo (com oito máquinas de HD) e uma sala para o VHC negativo (com seis máquinas de HD). O segundo lado é composto por sete salas, duas salas para o vírus da hepatite C (VHC) positivo (com 13 máquinas) e cinco salas para o VHC negativo (com 18 máquinas de HD). O número total de doentes divide-se em dois grupos: o primeiro grupo vem ao centro aos sábados, segundas e quartas-feiras e o outro grupo vem aos domingos, terças e quintas-feiras. O sistema de trabalho no centro é distribuído em dois turnos por dia no primeiro lado e no segundo lado distribuído em três turnos. O número total de enfermeiros no centro é de 40 enfermeiros.

Amostra:

A amostra do estudo foi constituída por uma amostra consecutiva, não probabilística e conveniente, de 88 pacientes adultos do sexo masculino e feminino, que estavam em HD regular há pelo menos 3 meses e que eram capazes de comunicar verbalmente. A amostra foi igualmente dividida em grupos de estudo e de controlo. Foram excluídos os doentes com pacemaker, insuficiência cardíaca congestiva, cancro, distúrbios do sistema vestibular ou que sofressem de prurido e vermelhidão nos pontos de pressão em perspetiva. A dimensão da amostra foi calculada utilizando o programa G-power versão 3.1.1 (Cairo, Egito) para a análise do poder. Foi utilizado um poder de 0,95 (β=*1-0*,95=0,05) a α 0,05 (cauda unilateral) e o nível de significância de (P) inferior ou igual a 0,05.

Instrumentos de recolha de dados:

Para atingir o objetivo do presente estudo, foram utilizados três instrumentos para recolher dados relevantes para as variáveis do estudo, como se segue:

Instrumento (1): Questionário de Entrevista Estruturada: Foi desenvolvido pelo investigador; inclui duas partes: **A** - Dados **demográficos**, incluindo questões relacionadas com a idade, o género, o nível de educação, a profissão, o estado civil e a residência. **B-** Dados médicos, tais como o diagnóstico atual, história de tabagismo, medicação atual, doenças associadas e investigação laboratorial. **Instrumento (2):** Índice de Gravidade da Insónia (ISI) adotado, originalmente desenvolvido por Charles & Morin, 2003 O ISI é composto por sete questões relativas ao início do sono, manutenção do sono, despertar precoce, nível de satisfação com o padrão de sono, grau de interferência no funcionamento diário, resultado da incapacidade causada por problemas de sono e nível de preocupação com estes problemas. Cada item é classificado numa escala de Likert de cinco pontos (zero a quatro). A pontuação total varia de 0 a 28. As pontuações de zero a sete indicam ausência de insónia clinicamente significativa, de 8 a 14 insónia sublimiar (ligeira), de 15 a 21 insónia clinicamente significativa (moderada) e de 22 a 28 insónia clinicamente significativa (grave), com uma fiabilidade teste-reteste de (r = 0,84). **Instrumento (3):** Ferramenta de Avaliação de Tonturas: Esta escala foi desenvolvida pelo investigador após extensa revisão da literatura para avaliar a gravidade do sintoma de tontura e é composta por 15 questões.

Cada item é pontuado numa escala Likert de dez pontos (zero a dez). A pontuação total varia de 0 a 150. A pontuação zero indica ausência de tonturas clinicamente significativas, de 1 a 50 tonturas sublimiares (ligeiras), de 51 a 100 tonturas clinicamente significativas (moderadas) e de 101 a 150 tonturas clinicamente significativas (graves), com uma fiabilidade teste-reteste de (r= 0,81).

Validade e fiabilidade dos instrumentos

A validade do conteúdo dos instrumentos de estudo foi analisada por um painel de cinco peritos do departamento de Enfermagem Médico-Cirúrgica da Faculdade de Enfermagem e por um fisioterapeuta da unidade de diálise da Universidade do Cairo. Foi pedido aos peritos que examinassem os instrumentos quanto à cobertura do conteúdo, à clareza, à redação, ao comprimento, ao formato e ao aspeto geral. Por outro lado, a fiabilidade dos três instrumentos foi testada utilizando a fiabilidade do teste-reteste.

Estudo-piloto

Foi realizado um estudo-piloto com 10% da amostra para garantir a objetividade e a viabilidade do estudo, bem como para examinar questões relacionadas com a conceção, a dimensão da amostra, o tempo necessário para a recolha de dados, os procedimentos e as abordagens de análise dos dados.

Considerações éticas

A aprovação para a realização do estudo proposto foi obtida junto dos Comités de Investigação e Ética da Faculdade de Enfermagem da Universidade do Cairo (IRB

00004025). Foi também obtida uma autorização oficial dos administradores do hospital/clínica onde o estudo foi efectuado. Cada doente foi informado sobre a natureza e o objetivo do estudo, bem como sobre os riscos e benefícios envolvidos. O investigador sublinhou que a participação no estudo é voluntária. Os participantes podem retirar-se do estudo em qualquer altura, sem que isso afecte os cuidados médicos que recebem. De seguida, foi pedido aos participantes que optaram por participar no estudo que assinassem o formulário de consentimento. Além disso, a confidencialidade e o anonimato foram assegurados através da codificação dos dados.

Procedimento

O presente estudo foi realizado através das três fases dinâmicas seguintes: Preparação, Implementação e Avaliação. **Fase Preparatória**: Esta fase inclui uma revisão exaustiva da literatura relacionada com a gestão de doentes em hemodiálise, bem como com a utilização de terapias não farmacológicas, com enfoque na acupressão. Para além de procurar a disponibilidade dos instrumentos, durante esta fase o investigador desenvolveu o Instrumento de Avaliação de Tonturas e foram realizados todos os passos necessários para a preparação do folheto de instruções de enfermagem. Esta fase demorou cerca de quatro meses e meio. Além disso, durante esta fase, o investigador frequentou o curso de terapia de acupressão durante três meses no Centro de Terapia de Acupressão no Egito. **A fase de implementação**: Uma vez concedida a autorização oficial para prosseguir com o estudo proposto. O investigador iniciou a recolha de dados demográficos e médicos utilizando o instrumento (1), a que se seguiu o preenchimento dos instrumentos números (2 e 3) para avaliar o nível inicial de insónia e de tonturas dos doentes abrangidos pelo estudo. Em seguida, o investigador explicou individualmente o conteúdo do folheto aos participantes do grupo de estudo para garantir a sua total cooperação.

Depois disso, o investigador começou a aplicar a técnica de acupressão aos participantes do grupo de estudo à razão de três sessões por semana durante um mês inteiro para cada paciente do grupo de estudo de acordo com o Protocolo de Medicina Tradicional Chinesa (MTC) em oito pontos do lado direito e esquerdo do corpo que são: Yintang (EX 2), Yifeng (SJ17 sanyinjiao), Anmian (EX22), Fengchi (GB20), Hegu (LI4). A pressão para cada ponto demorou um minuto, dividido da seguinte forma: 30 segundos para a pressão, 14 segundos para aplicar movimentos circulares no sentido dos ponteiros do relógio, 14 segundos no sentido contrário ao dos ponteiros do relógio e dois segundos para repouso para este ponto; o tempo foi calculado utilizando um cronómetro. Essa técnica foi repetida por três vezes para cada ponto, portanto, o tempo total de pressão para cada ponto foi de três minutos e o tempo total para cada paciente foi de 24 minutos. Em relação ao grupo de controlo, este estava a receber cuidados hospitalares de rotina neste período. **Fase de avaliação:** Durante esta fase, foram efectuadas duas avaliações de acompanhamento para ambos os grupos após a conclusão de 6 e 12 sessões da avaliação inicial, respetivamente. Estas duas avaliações foram feitas através do preenchimento do Índice de Gravidade da Insónia (ISI, ferramenta 2) e da Ferramenta de Avaliação de Tonturas (ferramenta 3). Esta fase demorou cerca de seis meses. Para aplicar o princípio da equidade, o folheto foi explicado aos participantes do grupo de controlo pelo investigador após a conclusão do estudo.

Conceção estatística

Os dados obtidos foram tabulados, computados e analisados utilizando o Statistical Package for the Social Sciences (SPSSx) versão 23. Estatísticas descritivas, como frequência, porcentagem, média e desvio-padrão, além de estatísticas inferenciais, incluindo teste T pareado, Anova e teste do qui-quadrado, foram utilizadas para analisar os dados pertinentes às variáveis de estudo de insônia e tontura. O nível de probabilidade de erro adotado foi de $P \leq 0,05$.

Resultados

A insónia e as tonturas são os problemas mais comuns entre os doentes submetidos a HD. A acupressão é um tipo específico de massagem e mostrou um potencial terapêutico superior contra numerosos sintomas, como insónia e tonturas (Mehta et al., 2017). O objetivo deste estudo foi avaliar o efeito da terapia de acupressão na insónia e tonturas em doentes submetidos a hemodiálise. O número total de indivíduos estudados foi de 88 pacientes adultos do sexo masculino e feminino com pelo menos 3 meses de hemodiálise regular e admitidos no Centro de Nefrologia-Diálise-Transplante do Hospital Kasr EL-Aini, afiliado ao Hospital Universitário do Cairo.

Para cumprir o objetivo deste estudo, foram formuladas as seguintes hipóteses de investigação.

H_I : Os pacientes do grupo de estudo que receberam terapia de acupressão terão pontuações médias de insónia significativamente mais baixas do que o grupo de controlo que recebeu cuidados hospitalares de rotina.

H_2 . Os pacientes do grupo de estudo que receberam terapia de acupressão terão uma pontuação média de tonturas significativamente mais baixa do que o grupo de controlo que recebeu cuidados hospitalares de rotina.

Os resultados estatísticos do presente estudo foram apresentados pela seguinte ordem: **Secção (I):** Dedicada à descrição das caraterísticas demográficas e dos dados médicos relacionados (Quadros 1 a 4). **Secção II**: Representou a análise estatística das hipóteses de estudo entre os grupos de estudo e de controlo (Quadros 5-6 e Figuras 8-9). Por outro lado, **a secção III**: ilustra os resultados adicionais e a correlação entre insónia e tonturas, utilizando o teste T emparelhado, a Anova e o coeficiente de correlação de Pearson (quadros 7-9 e figura 10).

letrado

letrado

Secção (I): Descreve as caraterísticas demográficas e os dados médicos relativos aos grupos de estudo e de controlo.

Quadro 1

Distribuição de frequências e percentagens dos dados demográficos entre os grupos de estudo e de controlo (N = 88) (44/cada).

Variáveis	Grupo de estudo		Grupo de controlo		Qui-quadrado	*P - valor
	Não.	%	Não.	%		
Idade						
20-<40	15	34	13	29.5	0.23	0.88
40-<60	20	45.5	22	50.0		
≥60	9	20.5	9	20.5		
Média±SD	47.3±14.5		48.2±14.0			
Género						
Masculino	12	27.3	25	56.8	7.88	0.004*
Feminino	32	72.7	19	43.2		
Emprego/Ocupação						
Sem trabalho	38	86.4	39	88.6		
Trabalho	6	13.6	5	11.4	1.04	0.59
Nível de educação						
Não sabe ler nem escrever	11	25.0	10	22.7	4.2	0.52
Ler e escrever	0	0	3	6.8		
Primário	10	22.7	8	18.2		
Preparatório	4	9.2	4	9.1		
Secundário	13	29.5	10	22.7		
Faculdade	6	13.6	9	20.5		
Residência						
Rural	4	9.1	4	9.1	00	1.0

Urbano	40	90.9	40	90.9		
Estado civil						
Individual	9	20.5	4	9.1	7.37	0.06
Casado	23	52.2	34	77.3		
Viúva	7	15.9	2	4.5		
Divorciado	5	11.4	4	9.1		

*Significativo a $P \leq 0,05$

A Tabela (1) revelou que a idade média ± DP do grupo de estudo e do grupo de controlo era de 47,3 ± 14,5 e 48,2 ± 14,0 anos, respetivamente. 72,7% do grupo de estudo era do sexo feminino, em comparação com 43,2% do grupo de controlo, com um χ^2 = 7,88 e um valor de P = 0,004. É evidente a semelhança de ocupação entre os indivíduos de ambos os grupos, uma vez que 86,4% do grupo de estudo e 88,6% do grupo de controlo não trabalhavam. No que diz respeito ao nível de escolaridade, 29,5% do grupo de estudo e 22,7% do grupo de controlo tinham o ensino secundário. Esta tabela também ilustra que 90,9% de ambos os grupos eram de zonas urbanas. Além disso, 52,2% e 77,3% dos grupos de estudo e de controlo, respetivamente, eram casados.

Quadro 2

Distribuição de frequências e percentagens dos dados médicos entre os grupos de estudo e de controlo (N = 88) (44/cada).

Variáveis	Grupo de estudo		Grupo de controlo		Qui-quadrado	*Valor P
	Não.	%	Não.	%		
Doenças crónicas associadas						
Sim	34	77.3	31	70.5	7.1	0.31
Não	10	22.7	13	29.5	0.52	0.46
*Entre sim						
Diabetes	6	17.6	4	12.9		
Hipertensão	18	52.9	19	61.3		
Diabetes e hipertensão	5	14.7	3	6.7		
Outros	12	35.3	8	25.8		

Fumar						
Sim	5	11.4	8	18.2	15.21	0.76
Não	39	88.6	36	81.8	0.81	0.36
Horas de sono à noite					0.09	0.95
4	2	4.5	2	4.5		
6	35	79.5	36	81.8		
8	7	16.0	6	13.7		
Hora da sesta /dia					3.78	0.052
Sim	13	29.5	5	11.4		
Não	31	70.5	39	88.6		

*Significativo a $P \leq 0,05$

*Não se excluem mutuamente, o doente sofre de mais do que uma doença.

A tabela (2) esclarece que 77,3% do grupo de estudo e 70,5% do grupo de controlo sofrem de diferentes doenças crónicas associadas, especialmente a hipertensão, que representa 52,9% e 61,3%, respetivamente. Em relação ao número de horas de sono por noite, 79,5% e 81,8% dos grupos de estudo e de controlo, respetivamente, referiram que dormem seis horas por noite e que sofrem de sono interrompido. Além disso, 70,5% e 88,6% dos grupos de estudo e de controlo, respetivamente, não dormiam a sesta com um χ^2 =3,78 e um valor de P = 0,052.

Quadro 3

Distribuição de frequências e percentagens da medicação atual entre os grupos de estudo e de controlo em (N =88) (44/cada).

Medicação / dose	Grupo de estudo		Grupo de controlo		Qui-quadrado	*Valor P
	Não.	%	Não.	%		
					2.48	0.11

Norvasc 5 mg	29	65.9	13	29.5
Ácido fólico 5 mg	23	52.3	9	20.5
Eprex 4000 unidades	23	52.3	35	79.5
Capotina 5 mg	2	4.5	00	00
Calcimate 500 mg	36	81.8	18	40.9
Vit. B complex amp(2ml)	27	61.4	35	79.5
Renagel 800 mg	13	29.5	9	20.5
Carnitina amp (1g)	6	13.6	9	20.5
Zantac 150 mg	4	9.1	00	00

*Significativo a $P \leq 0,05$
*Não se excluem mutuamente, o doente toma mais do que um medicamento.

Como se pode ver na tabela (3), não houve diferença significativa entre o grupo de estudo e o grupo de controlo em relação à administração de medicamentos e respectivas doses ($\chi^2 = 2,48$, P= 0,11), uma vez que 81,8%, 65,9%, 61,4% e 52,3% do grupo de estudo receberam Calcimate, Norvasc, complexo Vit B, ácido fólico e Eprex 4000 unidades, respetivamente. Enquanto que 40,9%, 29,5%, 20,5% e 79,5% do grupo de controlo receberam Calcimate, Norvasc, ácido fólico, complexo Vit B e Eprex 4000 unidades, respetivamente.

Quadro 4

Valores médios da investigação laboratorial entre os grupos de estudo e de controlo (N=88) (44/cada).

Investigação laboratorial	Grupo de estudo valor médio	Grupo de controlo valor médio	valor t	*Valor P
Cálcio	7.2	6.3	2.99	0.004*

Hemoglobina	9.4	9.8	1.37	0.17
Fosfato	7.3	7.1	0.66	0.51
Ureia	121	105	4.28	0.0001*

*Significativo a $P \leq 0,05$

Tabela (4): Resumiu que houve diferença altamente significativa entre os dois grupos em relação ao nível de cálcio (t = 2,99, P = 0,004*) e ao nível de ureia (t = 4,28, P = 0,0001*). Por outro lado, não houve diferença significativa entre os dois grupos em relação ao nível de hemoglobina (t = 1,37, P = 0,17) e ao nível de fosfato (t = 0,66, P = 0,51).

Secção II: Representa a análise estatística para as hipóteses de estudo entre os grupos de estudo e de controlo.

Quadro 5

Frequência e distribuição percentual dos níveis de insónia entre os grupos de estudo e de controlo na linha de base, após 6 sessões e após 12 sessões (N=88) (44/cada).

	Linha de base				Após 6 sessões				Após 12 sessões			
Insónia	Estudo		Controlo		Estudo		Controlo		Estudo		Controlo	
Níveis	Nã o.	%	Nã o.	%	Nã o.	%	Nã o.	%	Nã o.	%	Nã o.	%
Nenhum	4	9.1	2	4.5	12	27. 3	5	11. 4	13	29. 6	6	13. 6

Suave	12	27.3	16	36.4	13	29.5	13	29.5	13	29.5	12	27.3
Moderado	23	52.3	22	50.0	18	40.9	22	50.0	18	40.9	22	50.0
Grave	5	11.4	4	9.1	1	2.3	4	9.1	00	0.0	4	9.1
						χ^2						
			1.37				5.08				28.7	
***Valor P**			0.71				0.16				0.0001*	

*Significativo a $P \leq 0,05$

No que diz respeito ao nível de insónia, a tabela (5) ilustra que existe uma diferença altamente significativa entre os grupos de estudo e de controlo em relação ao nível de insónia após 12 sessões ($\chi^2 = 28,7$, P = 0,0001*). Portanto, a primeira hipótese do presente estudo foi apoiada.

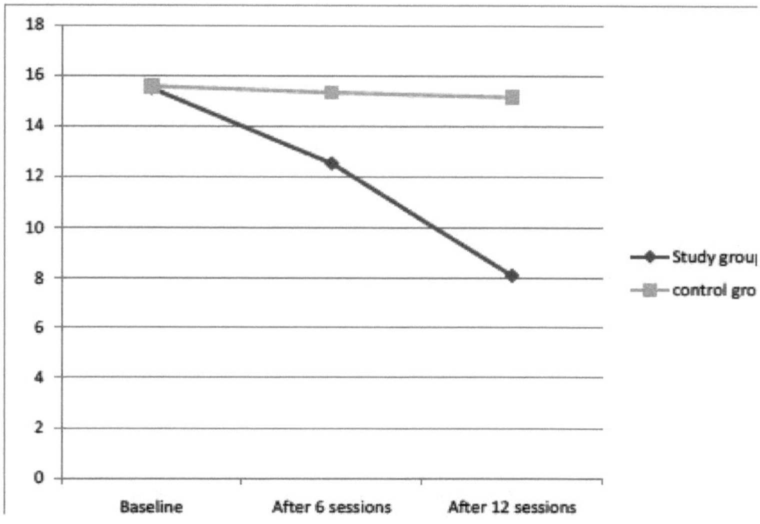

Figura 8. Diferença entre os níveis de insónia em ambos os grupos em cada momento na linha de base, após 6 sessões e após 12 sessões (N=88) (44/cada).

A figura (8) mostra uma redução significativa do nível de insónia no grupo de estudo, uma vez que a pontuação média da insónia diminuiu de 16 na linha de base para 12 após 6 sessões e para 8 após 12 sessões. No grupo de controlo, a pontuação média da insónia diminuiu de 16 no início para 12 após 6 sessões e para 8 após 12 sessões.

Quadro 6

Frequência e distribuição percentual dos níveis de tontura entre os grupos de estudo e de controlo no início, após 6 sessões e após 12 sessões (N=88) (44/cada).

	Linha de base				Após 6 sessões				Após 12 sessões			
Tontura	Estudo		Controlo		Estudo		Controlo		Estudo		Controlo	
Níveis	Não.	%	Não.	%	Não.	%	Não.	%	Não.	%	Não.	%
Nenhum	0	0	0	0	0	0	0	0	1	2.3	0	0
Suave	37	84.	37	84.	42	95.	38	86.	43	97.	38	86.
Moderado	7	15.	7	15.	2	4.5	06	13.	0	0	6	13.
Grave	0	0	0	0	0	0	0	0	0	0	0	0
χ^2			00				2.2				7.3	
***Valor P**			1.0				0.13				0.02*	

*Significativo a $P \leq 0,05$

No que diz respeito ao nível de tontura, a tabela (6) mostra que houve diferença significativa entre os grupos estudo e controle em relação ao nível de tontura após 12 sessões (χ^2 = 7,3 e P = 0,02*). Portanto, a segunda hipótese do presente estudo foi confirmada.

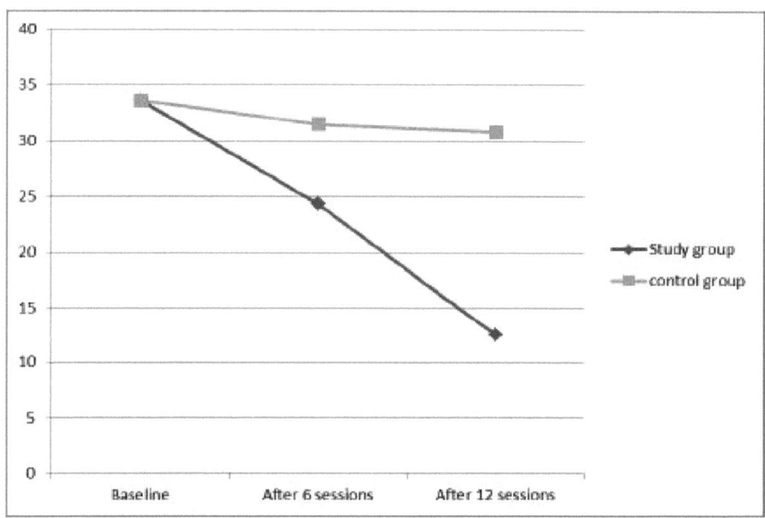

Figura 9. Diferença entre os níveis de tontura em ambos os grupos em cada momento no início, após 6 sessões e após 12 sessões (N=88) (44/cada).

A figura (9) ilustra uma redução notável do nível de tonturas no grupo de estudo, uma vez que a pontuação média das tonturas diminuiu de 35 na linha de base para 25 após 6 sessões e 12 após 12 sessões. No grupo de controlo, os valores permaneceram praticamente iguais nos três momentos, o que indica a diferença entre o grupo de estudo e o grupo de controlo.

Secção III: Ilustra os resultados adicionais e de correlação entre insónia e tonturas, utilizando o teste T emparelhado, a Anova e o coeficiente de correlação de Pearson

Quadro 7

Comparação das pontuações médias relativas às diferentes avaliações de insónia e de tonturas entre os grupos de estudo e de controlo (N=88) (44/ cada).

Escala	Grupo de estudo			Grupo de controlo		
	Linha de base e Primeira avaliação	Linha de base e Segunda avaliação	Primeiro e Segunda avaliação	Linha de base e Primeira avaliação	Linha de base e Segunda avaliação	Primeiro e Segunda avaliação
	Resultado do teste T emparelhado					
Insónia	8.12	23.7	16.7	1.9	2.3	1.7
*Valor P	0.0001**	0.0001**	0.0001**	0.06	0.02*	0.08
Anova	2.74 P=0.008*			0.0 P=0.9		
Tonturas	**Resultado do teste T emparelhado**					
	9.6	18.4	12.9	1.3	1.3	1.3
*Valor P	0.0001**	0.0001**	0.0001**	0.18	0.18	0.18
Anova	1.45 P=0.18			0.0 P= 0.7		

*Significativo a $P \leq 0{,}05$

A Tabela (7) esclarece que houve uma diferença altamente significativa entre as pontuações médias da linha de base e da primeira avaliação, da linha de base e da segunda avaliação, da primeira e da segunda avaliação, relativamente aos níveis de insónia, como se segue t = 8,12; 23,7; 16,7 respetivamente a (P = 0,0001) no grupo de estudo com ANOVA = 2,74 a (P = 0,008). Enquanto que no grupo de controlo apenas se verificou uma diferença significativa entre as pontuações médias da linha de base e da segunda avaliação, com t=2,3, a (P =0,02), ANOVA a (P = 0,9). Em relação aos níveis de tontura, a tabela revelou que houve uma diferença altamente significativa entre a pontuação média da linha de base e da primeira avaliação, da linha de base e da segunda avaliação e da primeira e da segunda avaliação, como t = 9,6; 18,4; 12,9 em (P = 0,0001) entre o grupo de estudo com ANOVA = 1,45 em (P = 0,18). Enquanto que não houve diferença significativa entre as pontuações médias das três avaliações diferentes no grupo de controlo com t=1,3 a (P =0,18) com ANOVA a (P = 0,7).

Quadro 8

Correlação entre insónia e tonturas nos grupos de estudo e de controlo através do Coeficiente de Correlação de Pearson (N=88, 44/ cada).

Variáveis	Insónia Estudo Controlo r P	r P
Tonturas	0.55 0.0001*	0.56 0.0001*

*Significativo a $P \leq 0,05$

A tabela (8) mostra claramente que houve uma forte correlação positiva entre os níveis de insónia e de tonturas nos grupos de estudo e de controlo, o que indica a relação recíproca entre os níveis de insónia e de tonturas (r = 0,55, P = 0,0001* e r = 0,56, P = 0,0001*), respetivamente.

Quadro (9)

Correlação entre a idade e as insónias e tonturas nos grupos de estudo e de controlo (N=88) (44/ cada).

Variáveis	Idade	
	R	P
Insónia	0.11	0.21
Tonturas	0.004	0.96

*Significativo a *P <0,05*

A Tabela 9 mostra que não houve correlação entre os níveis de insónia e de tonturas com a idade nos indivíduos do grupo de estudo e do grupo de controlo' (r = 0,11, P = 0,21 e r = 0,004, P = 0,96), respetivamente.

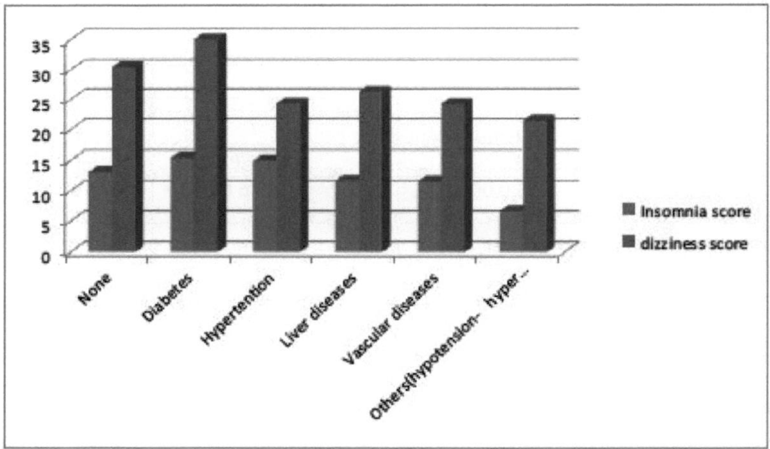

Figura 10. Correlação entre doenças associadas com insónia e tonturas entre os grupos de estudo e controlo (N=88) (44/ cada).

A Figura (10) indica que não existe correlação entre as doenças associadas à insónia e às tonturas entre o grupo de estudo e o grupo de controlo· (ANOVA= 1,83, P = 0,1 e ANOVA = 0,98, P = 0,43) respetivamente.

Discussão

A insónia e as tonturas estão entre os problemas de saúde mais importantes que os doentes em hemodiálise enfrentam em todo o mundo, com um impacto físico, psicológico e económico significativo. Por outro lado, a acupressão é uma das terapias não farmacológicas usadas para melhorar o sono do paciente e diminuir os sintomas de tontura para pacientes em hemodiálise (Shim & Cho, 2017). A discussão dos resultados é apresentada nas seguintes secções (a) Informação demográfica e médica de base, (b) a eficácia da acupressão na insónia e no nível de tonturas, tal como indicado nas hipóteses do presente estudo, e (c) a relação entre os doentes selecionados' variáveis demográficas e os níveis de insónia e tonturas.

Secção I: Informações demográficas e médicas

Os resultados do presente estudo revelaram que, aproximadamente metade do grupo de estudo e do grupo de controlo, a sua idade variava entre quarenta e menos de sessenta anos, com uma média de idade de 47,3 ± 14,5 e 48,2 ± 14,0, respetivamente; o que esclareceu a homogeneidade dos sujeitos estudados. (2017), que realizaram um estudo relacionado com "Insónia em doentes em hemodiálise" em 125 doentes e descobriram que a idade média dos indivíduos estudados era de 54,3±13,2 anos. Além disso, um estudo realizado por Alkhuwaiter, Alsudais & Ismail, (2020) intitulado "Um estudo prospetivo sobre a prevalência e as causas da insônia entre pacientes com insuficiência renal em estágio terminal em hemodiálise em centros de diálise selecionados em Qassim, Arábia Saudita", pois os pesquisadores descobriram que a idade média dos indivíduos estudados era de 60 anos.

No entanto, outro estudo realizado por Allah, Abdel-Aziz & El-Seoud, 2014 em 107 pacientes observou que a idade média entre os indivíduos estudados era de 66,8±5,0 anos. Além disso, outro estudo realizado por Ahmed et al., (2017) intitulado que "Os efeitos da idade e do género na prevalência da insónia numa amostra da população saudita", uma vez que descobriram que 93,7% dos seus participantes a idade entre o grupo idoso era superior à idade média e jovem .as diferenças de idade entre estes investigadores poderiam ser explicadas à luz do relatório do CDC, (2019) que afirmava que a insuficiência renal crónica pode desenvolver-se em qualquer idade, mas torna-se mais comum com o aumento da idade, como depois dos 40 anos. Além disso, a filtração renal começa a diminuir aproximadamente 1% por ano (Allah et al., 2014).

No que diz respeito ao género, os resultados do presente estudo revelaram que existiam diferenças estatisticamente significativas entre os grupos de estudo e de controlo, uma vez que mais de dois terços do grupo de estudo eram do sexo feminino, em comparação com mais de metade do grupo de controlo que era do sexo masculino. Esta conclusão é consistente com Hamzi et al., (2017); Bhaskar, Hemavathy & Prasad, (2016) que os investigadores descobriram que mais de metade dos indivíduos estudados eram do sexo feminino. Além disso, Alkhuwaiter et al., (2020) documentaram que 56% da amostra estudada era do sexo feminino.

Além disso, este achado é incongruente com um estudo realizado por Leschziner, (2018) intitulado "Síndrome das pernas inquietas em pacientes em diálise" esclareceu que, mais da metade da amostra do estudo era do sexo masculino. Em vez disso, Arache et al., (2019), que avaliam a má qualidade do sono em 52 pacientes em hemodiálise, relataram que a proporção homem: mulher era de 1,1.Enquanto, CDC, (2019) esclareceu que a CRF é mais comum em mulheres (15%) do que em homens (12%).

Além disso, John, Mboto & Agbo, (2016) que realizaram um estudo na Nigéria intitulado "A review on the prevalence and predisposing factors responsible for urinary tract infection among adults" (Uma revisão sobre a prevalência e os factores predisponentes responsáveis pela infeção do trato urinário entre adultos) e na mesma linha dos resultados do presente estudo, explicaram que a doença renal crónica (DRC) é comum entre os idosos, com um aumento da taxa de infecções, entre as quais a ITU é a mais frequente. A prevalência de infeção do trato urinário é elevada nas mulheres em comparação com os homens, o que pode dever-se à estrutura anatómica do corpo feminino, uma vez que a uretra feminina parece ser particularmente propensa à colonização devido à sua proximidade do ânus. Na opinião do investigador' , a técnica de amostragem utilizada neste estudo pode explicar estas diferenças.

Em relação ao estado civil, o presente estudo revelou que a maioria dos indivíduos estudados era casada, o que é esperado nesta faixa etária na cultura egípcia. Esta constatação é apoiada por Kumar & Sagar, (2019) que referiram que a maioria dos indivíduos estudados era casada, do mesmo modo que Mahmoud, AboZead, Mohammad, El-all & ElRazik, (2019) documentaram a mesma constatação.

No que diz respeito ao nível de escolaridade, o presente estudo documentou que cerca de um terço dos participantes se enquadra na categoria de alfabetizados (ensino secundário). Esta conclusão está de acordo com Kumar & Sagar, (2019) na Índia, que documentaram que mais de metade dos seus sujeitos estudados eram alfabetizados. Além disso, Mahmoud et al. (2019), no Egito, mencionaram que a maioria dos indivíduos estudados era alfabetizada. No entanto, a constatação é inconsistente com um estudo realizado por NoroziFiroz, Shafipour, Jafari, Hosseini, &Yazdani-Charati, (2019) no Irão, que observou que cerca de metade dos sujeitos estudados eram analfabetos. Esta discrepância pode ser interpretada pelo facto de a maioria dos participantes no presente estudo ser de zonas urbanas e de as pessoas que vivem nesta zona estarem interessadas na educação.

Os resultados do presente estudo mostraram que a maioria dos indivíduos estudados não tinha trabalho. Este achado é consistente com Bhaskar et al., (2016) em um estudo intitulado "Prevalência de insônia crônica em pacientes adultos e sua correlação com co-morbidades médicas" e os pesquisadores relataram que, mais de um terço dos sujeitos estudados estavam desempregados, ao contrário do estudo realizado por Mahmoud et al., (2019) relataram que a maioria de seus sujeitos estudados estavam desempregados. O racional do desemprego explicado à luz dos sintomas predominantes da hemodiálise que afetam negativamente a capacidade de trabalho da pessoa, bem como a duração e a repetição das sessões de hemodiálise. A opinião dos investigadores em relação a este ponto é que os indivíduos em HD passavam quatro horas durante três vezes por semana, pelo que nenhuma instituição aceita horários de trabalho interrompidos.

[

No que se refere ao local de residência, o presente estudo demonstrou que a maioria dos indivíduos estudados provinha de zonas urbanas. Esta conclusão coincide com a de Allah et al. (2014), que realizaram um estudo na cidade de Zagazig, no Egito. Esta constatação pode ser explicada pelo facto de a grande maioria dos egípcios - cerca de 80 milhões de pessoas - viver perto das margens do rio Nilo, onde se encontram terras aráveis. Outra explicação possível que pode explicar parcialmente este achado é a prevalência de glomerulonefrite crónica; cálculos renais; esquistossomose que estão positivamente associados ao início da IRC (Ghonemy, Farag, Soliman, El-Okely& El-Hendy, 2016).

No entanto, o presente achado é incongruente com o estudo realizado na Índia por Aggarwal, Jain, Dabas & Yadav, (2017); também, Mahmoud et al., (2019) na Universidade de Assiut, Egito, uma vez que relataram que a maioria dos seus sujeitos estudados eram de áreas rurais; a distribuição geográfica da população em diferentes países pode explicar as diferenças nos resultados do estudo. Além disso, nas zonas urbanas, a maioria das pessoas que trabalham em indústrias e que estão expostas a substâncias irradiantes que provocam doenças renais, como o chumbo, o crómio e o mercúrio. Para além do ambiente atmosférico nas zonas urbanas, a incidência da poluição proveniente dos automóveis e das indústrias pode ser um fator ambiental que conduz à doença renal.

O presente estudo revelou que quase metade dos indivíduos do grupo de estudo e do grupo de controlo apresentava hipertensão arterial (HTA), seguida de diabetes mellitus (DM). Achados semelhantes relativos à hipertensão também foram expressos por Yildiz et al., (2016), uma vez que a HTN representava cerca de um terço dos seus indivíduos estudados e Allah et al., (2014), também relataram que menos de metade dos indivíduos estudados sofriam de HTN. Além disso, Kumar & Sagar, 2019 relataram que uma porcentagem maior de seus sujeitos estudados tinha hipertensão. Outro estudo realizado por Bhaskar et al., (2016) indicou que uma maior percentagem dos indivíduos estudados tinha diabetes. Além disso, o DM foi relatado por metade dos pacientes em um estudo realizado por Alkhuwaiter et al., (2020). Esses retornos podem ser interpretados pelo fato de que o diabetes e a hipertensão estão significativamente associados ao comprometimento da função renal, principalmente entre os mais jovens com hipertensão (Yuejuan et al., 2017).

Observou-se a partir dos achados do presente estudo que dois terços dos sujeitos estudados não eram fumantes, esse achado estava na mesma linha de Mahmoud et al., (2019) que realizaram um estudo intitulado "Avaliação da Qualidade do Sono em Pacientes submetidos à Hemodiálise" eles relataram que, a maioria dos sujeitos estudados não estava fumando. Da mesma forma, um estudo realizado por Allemand, Nóbrega, Lauar, Veiga & Camargos, (2017) intitulado "Parâmetros do Sono em Diálise Diária Curta versus Diálise Convencional: An Actigraphic Study" relatou que mais de três quartos dos seus sujeitos estudados não eram fumadores. Outro estudo realizado por NoroziFiroz et al., (2019) intitulado "Relação do turno de hemodiálise com a qualidade do sono e depressão em pacientes em hemodiálise", e os pesquisadores relataram que um terço dos indivíduos estudados eram fumantes.

No que diz respeito ao número de horas de sono durante a noite, o presente estudo documentou que a maioria dos indivíduos estudados se queixava de horas de sono interrompidas durante a noite. (2017), pois relataram que a maioria dos sujeitos do estudo se queixava de sono interrompido. Além disso, Wang et al., 2016, realizaram um estudo intitulado "O sono ruim e a qualidade de vida reduzida foram associados ao sofrimento dos sintomas em pacientes que recebem hemodiálise de manutenção" e relataram que a maioria dos indivíduos estudados se queixou de horas de sono interrompidas.

Em relação ao recebimento de medicamentos, foi observado no presente estudo que os pacientes submetidos à hemodiálise recebiam dois tipos de medicamentos anti-hipertensivos; O número de medicamentos anti-hipertensivos utilizados aumentou à medida que os pacientes se aproximavam da ESRD, este achado coincidiu com o estudo realizado por Chang, Zheng, Montez-Rath & Winkelmayer, (2016) intitulado "Antihypertensive medication use in older patients transitioning from chronic kidney disease to end-stage renal disease on dialysis", e relatou que a terapia anti-hipertensiva com múltiplos fármacos era comum entre os pacientes submetidos a HD e estava associada a uma diminuição significativa da PA. Além disso, acrescentaram que foram prescritos medicamentos anti-hipertensores à maioria dos doentes e que cerca de um quarto necessitava de dois ou mais medicamentos.

Além disso, a anemia é uma complicação frequente da insuficiência renal crónica, pelo que os doentes submetidos a HD no presente estudo estão a receber medicamentos anémicos para evitar complicações da anemia e reduzir a necessidade de transfusões de sangue, mas não para aumentar o nível de hemoglobina. Um estudo semelhante sobre anemia também foi expresso por Hasegawa, Koiwa & Akizawa, (2018), intitulado "Anemia em hemodiálise convencional: Finding the optimal treatment balance", uma vez que os investigadores expressaram que é necessária uma utilização eficaz de preparações de ferro para produzir o efeito ideal dos agentes estimuladores da eritropoiese (ESA). É sabido que a utilização de ferro é inibida em condições patológicas (Michał et al., 2020).

Além disso, a conclusão do estudo atual é semelhante ao estudo realizado por Ibrahim et al., (2018), pois realizaram um estudo intitulado "Discrepâncias de medicação na doença renal crónica em fase tardia" e relataram que todos os pacientes com insuficiência renal crónica em fase tardia recebem mais de um medicamento, estes medicamentos incluem medicamentos cardiovasculares, vitaminas, agentes de doenças minerais, anemia e problemas GIT.

Em relação à investigação laboratorial; o presente estudo evidenciou que, todos os participantes do estudo têm baixos níveis de hemoglobina, este achado está na mesma linha de um estudo realizado por NoroziFiroz et al., (2019) intitulado "Relação do Turno de Hemodiálise com a Qualidade do Sono e Depressão em Pacientes em Hemodiálise" e relatou que mais da metade de seus sujeitos estudados tinham baixo nível de hemoglobina.

Além disso, o presente estudo documentou que todos os indivíduos estudados têm baixos níveis de cálcio. A explicação para este achado é que a diminuição da consciência dos pacientes submetidos a HD sobre alimentos que naturalmente contêm cálcio e não se separam com dieta contendo cálcio e fósforo como espinafre e sardinha que podem não ser recomendados para a dieta CRF. (2018), intitulado "Hypocalcemia and bone mineral density changes following denosumab treatment in end-stage renal disease patients: a meta-analysis of observational studies", e relatou que um terço dos indivíduos estudados tinha baixos níveis de cálcio. Isto pode dever-se ao facto de a hipocalcemia na insuficiência renal crónica ser causada por dois factores primários - aumento do fósforo sérico e diminuição da produção renal de vitamina D (Goyal & Singh, 2020).

Além disso, os resultados do presente estudo mostraram que mais de metade dos indivíduos estudados têm níveis elevados de fosfato. Esta explicação deve-se à diminuição do conhecimento e da consciencialização dos doentes submetidos a HD sobre a dieta que contém fosfato. Para além disso, o nível elevado de fosfato é considerado uma complicação da DRC e diminui o nível de cálcio. Este achado coincide com Rabbani & Rao, (2017) que realizaram um estudo intitulado "Hiperfosfatemia na doença renal em fase terminal: prevalência e caraterísticas dos doentes da população multiétnica dos Emirados Árabes Unidos" e relataram que os níveis de fosfato representavam mais de metade dos indivíduos estudados e os investigadores documentaram a importância do tratamento da hiperfosfatemia para reduzir o seu efeito negativo no estado ósseo.

Além disso, o nível de ureia entre os indivíduos estudados no presente estudo foi anormal, o que pode ser devido à falha dos rins em excretar produtos residuais do corpo. Este achado é apoiado por Nisha, SrinivasaKannan, Thanga-Mariappan &

Jagatha, (2017) que realizaram um estudo intitulado "Avaliação bioquímica da creatinina e ureia em pacientes com insuficiência renal submetidos a hemodiálise", e relataram que mais da metade dos indivíduos estudados reclamaram alto nível de ureia e relataram que havia uma relação complexa entre ureia e mortalidade em pacientes em HD, pois pacientes com níveis altos ou baixos de ureia exibiram maior mortalidade do que aqueles com níveis médios.

Resultados relacionados com a eficácia da acupressão no nível de insónia e de tonturas:

Relativamente à primeira hipótese de estudo do presente estudo, afirmava-se que "os doentes em hemodiálise que recebem terapia de acupressão terão pontuações médias de insónia mais baixas do que os doentes em hemodiálise que recebem cuidados hospitalares de rotina". A avaliação da incidência de insónia utilizando o questionário Índice de Gravidade da Insónia (ISI) revelou que os doentes em hemodiálise estudados em ambos os grupos apresentavam insónia na avaliação inicial. Isso é apoiado por Hamzi et al., (2017) que expressou que a prevalência de insônia clinicamente significativa em pacientes em HD ainda é alta, apesar de todos os novos avanços técnicos e terapêuticos da última década. A insónia parece estar associada à longa duração da diálise no género feminino. Além disso, Arache et al. (2019), que realizaram um estudo em Marrocos intitulado "Má qualidade do sono em pacientes em hemodiálise crónica, documentaram que a insónia é um dos distúrbios do sono mais frequentemente relatados e representados entre os indivíduos estudados e também confirmaram que o diagnóstico precoce é necessário para oferecer cuidados multidisciplinares entre nefrologistas, psiquiatras, cardiologistas e neurologistas.

Além disso, outro estudo realizado por Lufiyani et al., (2019) intitulado "Factores relacionados com a insónia entre os doentes com doença renal em fase terminal em hemodiálise em Jacarta, Indonésia", uma vez que os investigadores descobriram que mais de metade dos doentes que sofrem de insónia e depressão é um problema comum em doentes submetidos a HD e está associado à insónia. Além disso, acrescentaram que a intervenção para diminuir o nível de depressão é necessária para melhorar a qualidade do sono.

Outro estudo realizado por Yildiz et al., (2016) intitulado "Restless-legs syndrome and insomnia in hemodialysis patients" (Síndrome das pernas inquietas e insónia em doentes em hemodiálise) documentou uma elevada prevalência de insónia clinicamente significativa entre os doentes em hemodiálise. E os investigadores relataram que a depressão e a insónia são comummente encontradas em pacientes submetidos a HD. Os mesmos autores acrescentaram que existia uma relação estreita entre a diabetes, a depressão e a insónia e que os factores independentes associados à gravidade da insónia eram a depressão, a idade avançada e o facto de estarem em tratamento de HD. Além disso, Alkhuwaiter et al., 2020 indicaram que a maioria dos indivíduos estudados relatou insónia e acrescentaram que a insónia é frequentemente relatada em doentes submetidos a HD e a identificação de casos de insónia para iniciar a gestão terá um impacto positivo não só na qualidade de vida do doente, mas também no prognóstico da progressão da doença e minimizará as complicações.

No entanto, o nível de insónia melhorou no grupo de estudo após a realização de seis sessões de acupressão, conforme indicado pelos doentes que expressaram satisfação com o padrão de sono e diminuição da taxa de gravidade da insónia. Além disso, esta melhoria continuou até às 12 sessões de acupressão, em que os doentes se mostraram muito satisfeitos com o padrão de sono e tiveram uma melhoria significativa na sua qualidade de vida e no desempenho das funções diárias.

Ao contrário dos indivíduos estudados no grupo de controlo que receberam cuidados hospitalares de rotina, não se observou qualquer melhoria do nível de insónia desde a avaliação inicial até à avaliação final, após quatro semanas. A maioria dos indivíduos do grupo de controlo continuou a ter insónia moderada desde a avaliação inicial. Além disso, verificou-se uma diferença muito significativa entre o grupo de estudo e o grupo de controlo no que se refere ao nível de insónia.

Este achado pode ser explicado por Nurul, Wiwik, Ika & Anna, (2018) que transmitiu que a acupressão melhora a qualidade do sono do paciente em hemodiálise, liberando os mediadores neurológicos para o processo físico; relaxa os músculos e estimula o corpo a relaxar, ajuda na liberação de neurotransmissores e serotonina que desempenham papel importante na síntese da melatonina, reduzindo assim a insônia e aumentando o desejo de dormir. Posteriormente, os doentes em hemodiálise do grupo de estudo adormecem facilmente após as sessões de acupressão.

Outro estudo realizado por Kang & Kim, (2017) intitulado "Efeitos da Acupressão no prurido e no sono em pacientes em hemodiálise" e relatou que, a acupressão é uma intervenção de enfermagem eficaz para aumentar a qualidade do sono entre os pacientes em HD. Além disso, outro estudo realizado por Zeid & Aly, (2020) intitulado "O Efeito da Técnica de Acupressão na Qualidade do Sono entre Pacientes em

Hemodiálise" na Universidade de Alexandria, Egito e os pesquisadores expressaram que a acupressão é uma técnica eficaz para promover a qualidade do sono em pacientes em hemodiálise e seu efeito começa nas sessões gerais. Acrescentaram ainda que, após a técnica de acupressão, todos os problemas relacionados com o sono diminuíram significativamente nos indivíduos estudados.

Esta técnica pode ser o efeito acumulativo da acupressão para melhorar os distúrbios do sono em pacientes em hemodiálise; especialmente aqueles pacientes que não podem tomar medicamentos sem restrições. Após a aplicação de doze sessões da técnica de acupressão, verificaram-se diferenças estatisticamente significativas entre os grupos de estudo e de controlo. Isto foi confirmado pela comparação de três quartos dos seus pacientes no grupo de controlo, uma vez que os pacientes do estudo se queixavam de insónia grave, em comparação com menos de um quinto dos pacientes do grupo de estudo.

Isto pode ser atribuído ao efeito da pressão mecânica; sabe-se que a acupressão diminui a adesão dos tecidos, promove o relaxamento, aumenta a circulação sanguínea regional, aumenta a atividade nervosa parassimpática, aumenta a temperatura intramuscular e diminui a excitabilidade neuromuscular. Esses achados sugerem uma terapia boa, segura, não invasiva e de baixo custo para o tratamento de distúrbios do sono em pacientes em hemodiálise. O treino deste método é fácil e é aplicável por enfermeiros e doentes (Zeid & Aly, 2020). Por conseguinte, a primeira hipótese do atual estudo foi apoiada.

Em relação à segunda hipótese do presente estudo, afirma-se que "os pacientes em hemodiálise que recebem terapia de acupressão terão menor pontuação média de tontura do que aqueles que recebem cuidados hospitalares de rotina". A avaliação da incidência de tontura por meio do instrumento de avaliação de tontura revelou que os pacientes em hemodiálise estudados, em ambos os grupos, apresentaram tontura na avaliação inicial. Isso é apoiado por Hintistan, & Deniz, (2018) que documentaram a alta prevalência de tontura clinicamente significativa em pacientes em hemodiálise e relataram que a frequência e a gravidade da tontura experimentada por pacientes em hemodiálise devem ser monitoradas regularmente.

Além disso, houve outro estudo realizado por Zappia & Piccirillo, (2014) que expressou alta prevalência de tontura clinicamente significativa em pacientes em hemodiálise e a tontura é considerada uma complicação da HD, pois afeta negativamente os pacientes em hemodiálise. Assim como, um estudo realizado por Chaiviboontham, Phinitkhajorndech & Tiansaard, (2020) intitulado "Clusters de sintomas em pacientes com doença renal em estágio terminal em hemodiálise" e relatou que a tontura foi expressa em quase metade dos pacientes em estudo e confirmou que os pacientes em hemodiálise devem ser avaliados rotineiramente regularmente que refletem no manejo adequado resultando na melhoria da qualidade de vida do paciente' s.

Em relação ao efeito da acupressão na tontura no presente estudo, ele foi comparado com um estudo realizado na Universidade Beni-Suef, Egito, por Bayoumi, (2018) intitulado "Implementation of Nursing Evidence -Based Practices in managing

Interdialytic Hypotension during Hemodialysis Sessions: A Quasi-experimental study", uma vez que o investigador documentou que a hipotensão ortostática e as tonturas são mais frequentemente relatadas entre os doentes em hemodiálise após uma sessão de diálise. Na mesma linha, um outro estudo realizado por Polinder-Bos, Emmelot-Vonk, Gansevoort, Diepenbroek & Gaillard, (2014) intitulado "High fall incidence and fracture rate in elderly dialysis patients" (Elevada incidência de quedas e taxa de fratura em doentes idosos em diálise) referiu que cerca de metade dos doentes submetidos a hemodiálise em estudo apresentavam uma incidência de quedas após a sessão de diálise.

No entanto, vale a pena mencionar que o nível de tonturas melhorou após a realização de seis sessões de acupressão, como indicado pelo facto de o doente expressar satisfação com a diminuição dos sintomas de tonturas, como tonturas, náuseas, sonolência e sensação de desmaio. Além disso, esta melhoria continuou até às 12 sessões de acupressão em que os doentes ficaram muito satisfeitos com o nível de tonturas e tiveram uma melhoria significativa na qualidade de vida e no desempenho das funções diárias.

No presente estudo, não se verificou uma melhoria significativa do nível de tonturas nos indivíduos do grupo de controlo - que receberam cuidados hospitalares de rotina - desde o início até à avaliação final, após quatro semanas. Assim, a maioria dos indivíduos do grupo de controlo continuou a apresentar tonturas ligeiras. Além disso, houve uma diferença altamente significativa entre o grupo de estudo e o grupo de controlo em relação ao nível de tontura. Esse achado pode ser explicado por Arun & Venkateshan, (2019) e documentou que a acupressão diminui os sintomas de tontura, repara o fluxo de energia, relaxa os órgãos do corpo. Portanto, a segunda hipótese do presente estudo foi apoiada.

Resultados da correlação

No que diz respeito à relação entre insónia e tontura, o presente estudo revelou que houve uma correlação significativa entre tontura e insónia entre os sujeitos do estudo e do grupo de controlo. Esse achado está de acordo com Kim, Kim, Jeon, & Hong, (2018) que conduziram um estudo na Coreia intitulado "Relação entre qualidade do sono e tontura" e descobriram que havia uma forte associação entre qualidade do sono e tontura. Portanto, é importante considerar o distúrbio do sono em pacientes em hemodiálise com tontura e vice-versa. Além disso, os resultados mostraram uma diferença altamente significativa entre os indivíduos do grupo de estudo e do grupo de controlo em relação às variáveis sexo e tempo de sesta. Essas diferenças podem ajudar a explicar o achado anterior e alguns outros resultados da pesquisa.

Além disso, os resultados do presente estudo mostraram que o efeito da acupressão na insônia e tontura é eficaz na melhoria da qualidade do sono do paciente com hemodiálise, diminui os sintomas de tontura, repara os fluxos de energia, aumenta o neurotransmissor liberador, neurohormônio e serotonina, o efeito anterior pode reduzir a insônia e a tontura, relaxar os órgãos do corpo e aumentar o desejo de dormir e este achado apoiado por Nurul et al., (2018) e Arun & Venkateshan, (2019).

Além disso, a relação entre insónia e tontura com doenças associadas no presente estudo documentou que não houve correlação significativa entre insónia e tontura com doenças associadas entre o grupo de estudo e o grupo de controlo. Este achado foi corroborado pelo estudo realizado por Bhaskar et al., (2016) na Índia, intitulado "Prevalência de insónia crónica em pacientes adultos e sua correlação com comorbidades médicas"

Vários factores possíveis podem ter relevância para os fenómenos observados de melhoria do nível de sono e de tonturas no grupo de estudo. Um possível fator é o facto de o doente' s aceitar tratamentos complementares e alternativos devido ao seu baixo custo; o doente procurar meios de evitar os efeitos secundários e as complicações dos medicamentos e, por desespero, a gestão farmacológica, uma vez que esta pode ser a última forma de o salvar da dor e do desconforto de que sofre constantemente. Além disso, a idade avançada desempenha um papel importante no desenvolvimento de insónias e tonturas.

Em conclusão, o presente estudo pode apoiar a hipótese proposta de que os doentes em HD que recebem acupressão terão menos insónias e tonturas do que aqueles que não recebem acupressão.

Resumo, conclusões e recomendações

Este capítulo resume os resultados do presente estudo e sugere implicações profissionais para a prática de enfermagem, a educação dos doentes e a investigação. Finalmente, termina com recomendações para estudos futuros.

Resumo

A insuficiência renal crónica (IRC) é reconhecida como um importante problema de saúde pública que tem vindo a aumentar em todo o mundo. A insuficiência renal crónica refere-se a uma disfunção renal irreversível que se manifesta pela incapacidade dos rins de excretarem líquidos e produtos residuais do organismo em quantidade suficiente para manter a saúde (Abouna,2020). Com a insuficiência renal progressiva, a taxa de filtração glomerular diminui para menos de 15 ml/min na insuficiência renal progressiva, o que conduz a complicações graves que levam à morte. Tudo isto exige uma terapia de substituição renal (TSR) alternativa à TSR e uma hemodiálise (HD) constante e atempada. Embora a hemodiálise seja o método mais comum de tratamento da insuficiência renal, os doentes submetidos a HD continuam a ter uma vasta gama de problemas e complicações, como tonturas e perturbações do sono (Hill et al., 2016)

Os distúrbios do sono são comuns em pacientes com doença renal em fase terminal, particularmente naqueles submetidos a terapias de diálise. Uma das diferentes formas de perturbação do sono é a insónia (Maung et al., 2016). Também a tontura é considerada uma complicação da HD e uma complicação a curto prazo da insónia (Medic et al., 2017). A insónia tem uma grande consequência na qualidade de vida do doente, prejudicando ainda mais o seu funcionamento diário, a sua motivação e o seu envolvimento social, contribuindo para a diminuição da qualidade do sono e para o aumento da dor corporal. Há evidências que sugerem que a insônia e a tontura podem contribuir diretamente para os desfechos clínicos, aumentando também o risco de comprometimento cardíaco e mortalidade. Por conseguinte, a necessidade de avaliar o nível de insónia e de tonturas em doentes submetidos a diálise é muito importante para o bem-estar e a qualidade de vida dos doentes (Wanger, C. 2020).

Existe uma necessidade significativa de gestão da insónia e das tonturas, a fim de reduzir o seu impacto na vida dos doentes submetidos a HD, por exemplo, melhorando a sua qualidade de vida, realizando as suas actividades diárias, melhorando as suas capacidades ou desejos de passar tempo com outras pessoas, diminuindo os problemas de sono e a depressão. Os enfermeiros estão numa posição estratégica para avaliar a insónia e as tonturas relacionadas com a diálise e ajudar os doentes a desenvolver estratégias para gerir os seus efeitos. Recentemente, a utilização de medicinas complementares e alternativas tem vindo a aumentar no contexto dos cuidados de saúde convencionais. A acupressão é habitualmente utilizada para relaxar e para manter o estado de saúde de uma pessoa. Assim, toda a equipa de saúde deve acompanhar todas as novas modalidades e métodos alternativos para reduzir o nível de insónia e de tonturas nos doentes em HD (Yeung et al., 2018)

O objetivo do presente estudo é avaliar o efeito da terapia de acupressão na insónia e nas tonturas em doentes submetidos a hemodiálise. Para cumprir o objetivo deste estudo, foram formuladas as seguintes hipóteses de investigação: **H_I** : Os doentes do grupo de estudo que receberam a terapia de acupressão terão uma média de pontuação de insónia significativamente inferior à do grupo de controlo que recebeu cuidados hospitalares de rotina. H_2 . Os doentes do grupo de estudo que receberam terapia de acupressão terão valores médios de tonturas significativamente inferiores aos do grupo de controlo que recebeu cuidados hospitalares de rotina.

Para atingir o objetivo deste estudo, foi utilizado um modelo quase experimental de séries cronológicas. Foi utilizada uma amostra consecutiva conveniente e não probabilística constituída por 88 doentes (44 no grupo experimental e 44 no grupo de controlo) internados no Centro Kasr El-Aini (Nefrologia-Diálise-Transplantação) do hospital da Universidade do Cairo que aceitaram participar no estudo. Os critérios de inclusão incluíam doentes do sexo masculino e feminino, com idades compreendidas entre os 18 e os 60 anos, que deveriam ser submetidos a HD há mais de três meses e que apresentavam insónias e tonturas de acordo com uma escala de gravidade da insónia validada por objectivos. Os doentes com insuficiência cardíaca congestiva, cancro ou que sofressem de comichão e vermelhidão nos pontos de pressão foram excluídos do estudo.

Os dados foram recolhidos utilizando os três instrumentos seguintes: (I) Questionário de Entrevista Estruturada dividido em duas partes: (a) Dados demográficos (b) Dados de antecedentes médicos, (II) Índice de Gravidade da Insónia (ISI) e (III) Instrumento de avaliação da tontura. O primeiro instrumento recolheu dados demográficos e médicos pertinentes para o estudo. O segundo instrumento é constituído por 7 perguntas relativas ao padrão de sono e aos problemas de sono. Cada item é assinalado numa escala de Likert de 5 pontos (0 a 4) e a pontuação total após a avaliação variou de 0 a 28. O terceiro instrumento, esta escala foi desenvolvida pelo investigador para avaliar o sintoma de gravidade da tontura e consiste em 15 questões e cada item é pontuado numa escala de Likert de dez pontos (zero a dez).

As principais conclusões

As principais conclusões deste estudo revelaram que quase metade (45,5%) do grupo de estudo tinha entre 40 e 60 anos, cerca de três quartos (72,7%) do grupo de estudo eram do sexo feminino, a maioria (90,9%) vivia em zonas urbanas, (29,5%) do grupo de estudo tinha o ensino secundário, a maioria não tinha trabalho (doméstica ou desempregada). Mais de metade do grupo de estudo era casado.

Além disso, verificou-se uma redução significativa do nível de insónia no grupo de estudo, uma vez que a pontuação média da insónia diminuiu de 16 na linha de base para 12 após 6 sessões e para 8 após 12 sessões. No grupo de controlo, a pontuação média das insónias diminuiu de 16 no início para 12 após 6 sessões e para 8 após 12 sessões. Além disso, os resultados actuais indicam uma redução notável do nível de tonturas no grupo de estudo, uma vez que a pontuação média das tonturas diminuiu de 35 no início para 25 após 6 sessões e para 12 após 12 sessões. O grupo de controlo manteve-se praticamente inalterado nos três momentos. Além disso, verificou-se uma diferença estatisticamente significativa entre a insónia e as tonturas no grupo de estudo e no grupo de controlo ($r = 0,55$, $P = 0,0001$ e $r = 0,56$, $P = 0,0001$), respetivamente.

Conclusão

Com base nos resultados do presente estudo, o investigador concluiu que:

Com base nos resultados do presente estudo, pode concluir-se que a insónia e as tonturas são comuns na maioria dos doentes em HD e têm um impacto significativo no estado de saúde. Com a utilização da terapia de acupressão, observou-se uma redução significativa do nível de insónia e de tonturas. Os indivíduos estudados consideraram-nas confortáveis e também expressaram um elevado nível de satisfação relativamente à terapia de acupressão. Além disso, é fácil de aplicar por um prestador de cuidados não profissional ou pelos próprios doentes. Assim, sem intervenção farmacológica, os doentes podem utilizar uma técnica simples e barata para aliviar a insónia e as tonturas, melhorando o sono, aliviando o stress e a tensão, relaxando os músculos e as articulações, minimizando as dores de cabeça e tratando os sintomas de tonturas.

Recomendações

Com base nas conclusões anteriores, sugerem-se as seguintes recomendações.

1. Replicação do estudo utilizando uma amostra probabilística maior de diferentes áreas geográficas no Egito.
2. Replicação do estudo com base na variável género.
3. Utilizar instrumentos variáveis de acupressão para atingir a pressão máxima profunda para pontos como o sojuko e a utilização do cotovelo para a terapia de acupressão.
4. Planeamento de sessões de formação para a equipa de enfermagem para sensibilizar para a importância da acupressão para as insónias e tonturas e para a sua importância em geral.
5. Planeamento do curso de acupressão na faculdade de enfermagem e inclusão de uma parte adicional no currículo dos estudantes sobre a abordagem complementar da saúde.
6. Deve estar disponível um folheto ilustrativo relacionado com a acupressão para ser conhecido por todos os membros da equipa de saúde, principalmente os enfermeiros.

Referências

Abouna, A. M. (2020). Manifestações Orofaciais de Insuficiência Renal Crônica em Ahmed

Hospital do Centro Gasim e Dr. Salma para as Doenças Renais. Cartum.

Aggarwal, H. K., Jain, D., Dabas, G., e Yadav, R. K. (2017). Prevalência de depressão, ansiedade e insónia em doentes com doença renal crónica e a sua correlação com as variáveis demográficas. Prilozi, 38(2), 35-44.

Ahmed, A. E., AL-Jahdali, H., Fatani, A., Al-Rouqi, K., AL-Jahdali, F., Al-Harbi, A., ... & Rumayyan, A.(2017). Os efeitos da idade e do género na prevalência de insónia numa amostra da população saudita. Ethnicity & health, 22(3), 285-294.

Ali, E. A. E. G., Salem, Y. M., & Salem, M. A. (2015). Satisfação dos pacientes com a enfermagem

cuidados em unidades de hemodiálise. *Revista Científica de Enfermagem de Assiut*, *3*(6), 145-166.

Alkhuwaiter, R. S., Alsudais, R. A., & Ismail, A. A. (2020). Um estudo prospetivo sobre a prevalência e as causas da insônia entre pacientes com insuficiência renal em estágio terminal em hemodiálise em centros de diálise selecionados em Qassim, Arábia Saudita. *Saudi Journal of Kidney Diseases and Transplantation*, *31*(2), 454.

Allah, E. S. A., Abdel-Aziz, H. R., & El-Seoud, A. R. A. (2014). Insônia: prevalência, fatores de risco e seu efeito na qualidade de vida entre idosos na cidade de Zagazig, Egito. Jornal de educação e prática de enfermagem, 4(8), 52.

Allemand, L. D., Nóbrega, O. T., Lauar, J. P., Veiga, J. P. R., &Camargos, E. F. (2017). Parâmetros do sono em diálise de curta duração versus diálise convencional: Um Estudo Actigráfico. Revista internacional de nefrologia, 2017.

Arache, W., Laboudi, F., Ouanass, A., & El Kabbaj, D. (2019). Má qualidade do sono em pacientes em hemodiálise crónica. Ibnosina Journal of Medicine and Biomedical Sciences, 11(1) 20.

Arun, R. D., &Venkateshan, M. (2019).Eficácia da acupressão na qualidade do sono de pacientes em hemodiálise. Revista Internacional de Educação em Enfermagem, 11(1),60-66.

Bayoumi, M. (2018). Implementação de Práticas Baseadas em Evidências de Enfermagem na gestão da Hipotensão Interdialítica durante as sessões de Hemodiálise: A Quasi-experimental study.

Benarroch, E. E. (2019). Controlo dos sistemas cardiovascular e respiratório durante o sono. Autonomic Neuroscience, 218, 54-63.

Melhores pontos de acupressão eficazes para distúrbios do sono (2017). *Disponível em @https: // acupressurepointsguide. com/acupressure-points-for-sleeping-disorders/.*

Bhaskar, S., Hemavathy, D., & Prasad, S. (2016). Prevalência de insônia crônica em pacientes adultos e sua correlação com comorbidades médicas. *Jornal de medicina familiar e cuidados primários*, *5*(4), 780.

Blumberg, M. S., Lesku, J. A., Libourel, P. A., Schmidt, M. H., & Rattenborg, N. C. (2020). O que é o sono REM? *Biologia Atual*, *30*(1), R38-R49

.

Bossola, M., Di Stasio, E., Antocicco, M., Pepe, G., Marzetti, E., &Vulpio, C. (2017). Curso de fadiga de 1 ano em pacientes em hemodiálise crônica. Urologia e nefrologia internacionais, 1-8.

Brinkman, J. E., & Sharma, S. (2019). Fisiologia, sono. Em StatPearls [Internet].StatPearls Publishing.

Carley, D. W., & Farabi, S. S. (2016). Fisiologia do sono. *Diabetes Spectrum*, *29*(1),5-9.

Centros de Controlo e Prevenção de Doenças. Sistema de Vigilância das Doenças Renais Crónicas Acedido em 7 de janeiro de 2019.

Chaiviboontham, S., Phinitkhajorndech, N., & Tiansaard, J. (2020). Clusters de sintomas em pacientes com doença renal em estágio terminal submetidos à hemodiálise. *Jornal Internacional de Nefrologia e Doenças Renovasculares*, *13*, 297.

Chalmers, Charlotte. (2019). Anatomia e fisiologia aplicadas e o processo de doença renal. *Enfermagem Renal: Cuidados e Gestão de Pessoas com Doença Renal*, 21-58.

Chalouhy, C.E., (2017). Anatomia do rim. Disponível @
https://emedicine.medscape.com/
article/1948775-overview .

Chang, T. I., Zheng, Y., Montez-Rath, M. E., &Winkelmayer, W. C. (2016).Antihypertensive medication use in older patients transitioning from chronic kidney disease to end-stage renal disease on dialysis. *Clinical Journal of the American Society of Nephrology*, *11*(8), 1401-1412.

Chatfield, C. (2016). A análise de séries temporais: uma introdução. CRC press. Disponível *em @https://books.google.com/books/about/The_Analysis_of_Time_Series.html?id=qKzyAbdaDFAC*

Chen, T. K., Knicely, D. H., & Grams, M. E. (2019). Diagnóstico e gestão da doença renal crónica: uma revisão. Jama, 322(13), 1294-1304.

Chokroverty & Ferini-Strambi, (2017). Alterações fisiológicas do sono. Em Medicina dos distúrbios do sono (pp. 153-194). Springer, Nova Iorque, NY.

Chu, G., Szymanski, K., Tomlins, M., Yates, N., & McDonald, V. M. (2018). Considerações sobre cuidados de enfermagem para pacientes em diálise com distúrbio do sono. *Jornal da Sociedade Renal da Australásia, 14*(2).

Crisler, Johnston, Sivula & Budelsky (2020). Anatomia e Fisiologia Funcional. Em The Laboratory Rat (pp. 91-132). Academic Press .disponível em @https://www. google .com /search?q= secção frontal do rim direito.

Danielle, F. M. E. H., Mahamat, M., Francois, K. F., Marie-Patrice, H., & Gloria, A. (2017). Qualidade do sono em pacientes em hemodiálise de manutenção no Hospital Geral de Douala, nos Camarões. OpenJournal of Nephrology, 7(03), 61.

Delaney, Kowalewska, & Treuting, (2018). Sistema urinário. Em Anatomia e Histologia Comparadas (pp. 275-301). Academic Press. Disponível em @https://www. google .com /search?q = structures of the human urinary system .

Dijk, D. J., Beersma, D. G., van den Hoofdakker, R. H., Duffy, J. F., Kiel, E., Shanahan, T. L., & Czeisler, C. A. (2019). Privação do sono: Um problema de saúde pública não atendido. Washington, DC: Instituto de Medicina: National Academies Press. https://doi. org. Manual de Pesquisa do Sono, 30, 178.

Doenges, M. E., Moorhouse, M. F., & Murr, A. C. (2019). Planos de cuidados de enfermagem: Diretrizes para individualizar os cuidados ao cliente ao longo da vida. FA Davis.

Dyhrfjeld-Johnsen, J., & Attali, P. (2019). Tratamento da vertigem periférica com anti-histamínicos: Novas opções no horizonte. Jornal britânico de farmacologia clínica, 85(10), 2255-2263.

El-Arbagy, A. R., Yassin, Y. S., & Boshra, B. N. (2016). Estudo da prevalência de doença renal em estágio terminal na província de Assiut, alto Egito. Menoufia Medical Journal, 29(2).

Fairweather, J., Findlay, M., & Isles, C. (2020). Visão geral da doença renal crônica. Em Clinical Companion in Nephrology (pp. 119-124). Springer, Cham., Disponível@https://phacdochuabenh.com/Clinical-Medicine/ 88 .php.

Fluck, R. (2016). Hemodiálise Intensiva e Complicações e Tolerabilidade do Tratamento.

Flythe, J. E., Hilliard, T., Lumby, E., Castillo, G., Orazi, J., Abdel-Rahman, E. M., ...& Wilkie, C. M. (2018). Fomentando a inovação no gerenciamento de sintomas entre pacientes em hemodiálise: Caminhos a seguir para insônia, cãibras musculares e fadiga. Jornal Clínico da Sociedade Americana de Nefrologia, CJN-07670618.

Fraenkel, P. G. (2015). Compreender a anemia da doença crónica. Livro do Programa de Educação da ASH, 2015(1), 14-18.

Fountain, J. H., & Lappin, S. L. (2017). Fisiologia, sistema renina angiotensina.

Gerretsen, P., Shah, P., Logotheti, A., Attia, M., Balakumar, T., Sulway, S., ...& Rutka, J. A. (2019). Integração interdisciplinar de enfermagem e psiquiatria (INaP) para o tratamento de tonturas. The Laryngoscope.

Ghonemy, T. A., Farag, S. E., Soliman, S. A., El-Okely, A., e El-Hendy, Y. (2016). Epidemiologia e factores de risco da doença renal crónica na província de El-Sharkia, Egito. *Saudi Journal of Kidney Diseases and Transplantation, 27(1),* 111.

Gilan, N., Naseem, E., & Mohamed, E. (2018). Papel da eritropoietina na insuficiência renal.

Goldberg, I., & Krause, I. (2016). O papel do género na Doença Renal Crónica. EMJ, 1(2), 58-64.

Goyal, A., & Singh, S. (2020). Hypocalcemia. *StatPearls [Internet].*

Grima, N. A., Bei, B., & Mansfield, D. (2019). Gestão da insónia. *Jornal Australiano de Clínica Geral*, *48*(4), 198.

Hall, H., Leach, M., Brosnan, C., & Collins, M. (2017). Atitudes dos enfermeiros em relação às terapias complementares: Uma revisão sistemática e meta-síntese. *Revista internacional de estudos de enfermagem*, *69*, 47-56.

Hamzi, M. A., Hassani, K., Asseraji, M., & El Kabbaj, D. (2017). Insônia em pacientes em hemodiálise: Um estudo multicêntrico de Marrocos. Saudi Journal of Kidney Diseases and Transplantation, 28(5), 1112.

Hare J, Clark-Carter D, Forshaw M. (2014). Um estudo controlado randomizado para avaliar a eficácia de uma abordagem de grupo cognitivo-comportamental para melhorar a adesão do paciente às restrições de fluidos de diálise peritoneal: um estudo piloto. Nephrol Dial Transplant, 29: 555-564.

Hasegawa, T., Koiwa, F., &Akizawa, T. (2018). Anemia em hemodiálise convencional: Encontrando o equilíbrio ideal de tratamento. Em *Seminários em Diálise* (Vol. 31, No. 6, pp. 599-606).

Hill, N. R., Fatoba, S. T., Oke, J. L., Hirst, J. A., O'Callaghan, C. A., Lasserson, D. S., & Hobbs, F. R. (2016). Prevalência global de doença renal crónica - uma revisão sistemática e meta-análise. *PloS one*, *11*(7), e015876.

Hintistan, S., & Deniz, A. (2018). Avaliação de sintomas em pacientes submetidos à hemodiálise. *Bezmialem Science, 6*, 112-118.

Ibrahim, J., Hazzan, A. D., Mathew, A. T., Sakhiya, V., Zhang, M., Halinski, C., & Fishbane, S. (2018). Discrepâncias de medicação na doença renal crônica em estágio avançado. Revista clínica renal, 11(4), 507-512.

Javaheri, S., & Redline, S. (2017). Insónia e risco de doença cardiovascular. *Chest, 152*(2), 435-444.

Jawabri, K. H., & Raja, A. (2020). Physiology, Sleep Patterns (Fisiologia, Padrões de Sono). *StatPearls [Internet]*.

Jbireal, J. M., Azab, A. E., & Omer, I. S. K. (2020).Variação dos Parâmetros Hematológicos em Pacientes com Insuficiência Renal e Hemodiálise.

John, A. S., Mboto, C. I., & Agbo, B. (2016). Uma revisão sobre a prevalência e os factores predisponentes responsáveis pela infeção do trato urinário em adultos. *Euro J Exp Bio, 6*(4), 7-11.

Kallenbach, J. Z. (2020). *Revisão da hemodiálise para enfermeiros e pessoal de diálise-e-book*. Disponível em @https:/ /www. niddk.nih.gov/health-information/kidney-disease/kidney-failure/hemodialysis

Kang, M., & Kim, Y. K. (2017). Efeitos da acupressão no prurido e no sono em pacientes em hemodiálise. *Journal of Korean Academy of Fundamentals of Nursing*, *24*(1), 9-17.

Departamento de Estatística e Registos Médicos do Hospital Kasr Al - Aini, Universidade do Cairo. (2019).

Kesser, B. W., & Gleason, A. T. (2018). Tonturas e vertigens ao longo da vida. Elsevier Ciências da Saúde.

Koketsu, J. S. (2017). Sono e repouso. Terapia Ocupacional-E-Book de Pedretti: Habilidades práticas para disfunção física, 305.

Kim, S. K., Kim, J. H., Jeon, S. S., & Hong, S. M. (2018). Relação entre qualidade do sono e tontura. PloS one, 13(3).

Kumar, B. K., &Sagar, R. (2019). Um estudo da qualidade do sono e seus correlatos em pacientes com doença renal em estágio terminal em hemodiálise. Jornal Aberto de Psiquiatria e Ciências Afins,10(1)9-14.

Lam, W. C., Zhong, L., Liu, Y., Shi, N., Ng, B., Ziea, E., ...& Lu, A. (2019). Diretriz de prática clínica da medicina chinesa de Hong Kong para cuidados paliativos do câncer: dor, constipação e insônia. *Medicina complementar e alternativa baseada em evidências, 2019.*

Lenggogeni, D. P., Sitorus, R., & Maria, R. (2019). Qualidade do sono entre pacientes em hemodiálise. Em *Enhancing Capacity of Healthcare Scholars and professionals in Responding to the Global Health Issues* (pp. 63-69).Sciendo.

Leschziner, Guy. D. (2018). Síndrome das pernas inquietas. Em *Distúrbios do sono em pacientes psiquiátricos* (pp. 175-188). Springer, Berlim, Heidelberg.

Lovato, N., & Lack, L. (2019). Insônia e mortalidade: uma meta-análise. *Revisões de Medicina do Sono*, *43*, 71-83.

Lufiyani, I., Zahra, A. N.,& Yona, S. (2019). Fatores relacionados à insônia entre pacientes com doença renal em estágio terminal em hemodiálise em Jacarta, Indonésia. Enfermeriaclinica, 29,331-335.

Mahmoud, M. M., AboZead, S. E., Mohammad, W. H., El-all, A., &ElRazik, H. A. (2019). Avaliação da Qualidade do Sono em Pacientes submetidos à Hemodiálise. *Revista Científica de Enfermagem de Assiut*, *7*(17), 74-80.

Makris, K., & Spanou, L. (2016). Lesão renal aguda: definição, fisiopatologia e fenótipos clínicos. *The Clinical Biochemist Reviews*, *37*(2), 85.

Mashkoor, A. (2016). O estudo de caso da máquina de hemodiálise. Na *Conferência Internacional sobre Máquinas de Estado Abstratas, Alloy, B, TLA, VDM e Z* (pp. 329-343). Springer, Cham.

Maung, S. C., El Sara, A., Chapman, C., Cohen, D., & Cukor, D. (2016). Distúrbios do sono e doença renal crónica. Revista mundial de nefrologia, 5(3), 224.

Medic, G., Wille, M., & Hemels, M. E. (2017). Consequências da interrupção do sono para a saúde a curto e longo prazo. Natureza e Ciência do Sono, 9, 151.

Mehta, P., Dhapte, V., Kadam, S., & Dhapte, V. (2017). Terapia de acupressão contemporânea: Cura hábil para a recuperação indolor de doenças terapêuticas. Jornal de tradicional e complementar.

Mehta, P., Dhapte, V., Kadam, S., & Dhapte, V. (2017).Disponível em @https://www.sciencedirect.com.

Michał, W., Grzegorz, L., Karol, C., Tadeusz, K., Magdalena, N., &Bartosz, M. (2020). Anemia de doenças crónicas: Diagnóstico mais alargado - Melhor tratamento? *Nutrientes*, *12*(6), E1784.

Miller, K. E., & Gehrman, P. R. (2019). Sono REM: Para que é bom? *Current Biology*, *29*(16), R806-R807.

Instituto Nacional de Diabetes e Doenças Digestivas e Renais. Insuficiência renal. Recuperado em 11 de novembro de 2017.

Nsha, R., SrinivasaKannan, S. R., ThangaMariappan, K., &Jagatha, P. (2017). Avaliação bioquímica da creatinina e ureia em pacientes com insuficiência renal submetidos à hemodiálise. *J Clin Path Lab Med*, *1*(2), 1-5.

Nobahar, M. (2017). Explorando a medicina, 7(2), 251-263.experiências da qualidade dos cuidados de enfermagem entre pacientes, enfermeiros, cuidadores e médicos em um departamento de hemodiálise. Journal of renal care, 43(1), 50-59.

NoroziFiroz, M., Shafipour, V., Jafari, H., Hosseini, S. H., &Yazdani-Charati, J. (2019). Relação do Turno de Hemodiálise com a Qualidade do Sono e Depressão em Pacientes em Hemodiálise. Pesquisa clínica de enfermagem, 28(3), 356-373.

Nurul, h., Wiwik, u., Ika, p. s., & Anna, r. (2018). acupontos shenmen, neiguan e yongquan para melhorar a qualidade do sono de pacientes em hemodiálise: revisão sistemática.

Ostermann, M., & Joannidis, M. (2016). Lesão renal aguda 2016: diagnóstico e investigação diagnóstica. Cuidados críticos, 20(1), 299.

Park, J. H., & Lee, H. J. (2019). Conhecimento e necessidades educacionais dos enfermeiros clínicos sobre tontura. J Korean BiolNursSci, 21(4), 259.

Patel, A. K., & Araujo, J. F. (2018). Fisiologia, estágios do sono. Em *StatPearls [Internet]*. Editora StatPearls.

Pfieffer, M. L., Anthamatten, A., & Glassford, M. (2019). Avaliação e tratamento de tonturas e vertigens. The Nurse Practitioner, 44(10), 29-36.

Pinheiro, R. L., de Macedo, B. M., & de Carvalho Lira, A. L. B. (2017). Complicações em pacientes com insuficiência renal crônica submetidos à hemodiálise. CogitareEnferm, 22(4), e52907.

Polinder-Bos, H. A., Emmelot-Vonk, M. H., Gansevoort, R. T., Diepenbroek, A., & Gaillard, C. A. (2014). Alta incidência de quedas e taxa de fratura em pacientes idosos em diálise. *Neth J Med*, *72*(10), 509-515.

Rabbani, S. A., SB, S., &Rao, P. G. (2017). Hiperfosfatemia na doença renal em estágio terminal: prevalência e caraterísticas dos pacientes da população multiétnica dos Emirados Árabes Unidos. Int J Pharm PharmSci, 9, 283.

Richards, C. (2016). Enfermagem nefrológica e educação. Revista de Enfermagem em Nefrologia, 43(2), 93-95.

Sachdeva, J. (2019). Distúrbios do sono na dor crônica. Em *Pain* (pp. 421-423). Springer, Cham.

Sattar, S., Khan, N., Ahmad, F., Adnan, F., & Danish, S. H. (2016). Efeitos pós-diálise em pacientes em hemodiálise. JPMA. O Jornal da Associação Médica do Paquistão, 66(6), 781-788.

Scanlon, V. C., & Sanders, T. (2018). Fundamentos de anatomia e fisiologia. FA Davis.

Shim, H. Y., & Cho, M. K. (2017). Fatores que influenciam a qualidade de vida de pacientes em hemodiálise de acordo com o cluster de sintomas. Journal of ClinicINursing.

Taha, N.M., e Ali, Z.H. (2015). Pode uma intervenção de enfermagem melhorar os distúrbios do padrão de sono em pacientes submetidos à hemodiálise nos turnos da manhã e da tarde? *Jornal de Enfermagem e Cuidados. Mar 12*, 2015.

Terrill, B. (2016). Enfermagem renal: um guia para a prática. Routledge.

Thakral, M., Von Korff, M., McCurry, S. M., Morin, C. M., & Vitiello, M. V. (2020). ISI-3: Avaliação de uma breve ferramenta de triagem para insônia. Medicina do Sono.

Thomas, S. J., & Calhoun, D. (2017). Sono, insônia e hipertensão: descobertas atuais e direções futuras. *Jornal da Sociedade Americana de Hipertensão, 11*(2), 122-129.

Thongprayoon, C., Acharya, P., Acharya, C., Chenbhanich, J., Bathini, T., Boonpheng, B & Cheungpasitporn, W. (2018). Hipocalcemia e alterações na densidade mineral óssea após o tratamento com denosumab em pacientes com doença renal em estágio terminal: uma meta-análise de estudos observacionais. Osteoporosis International, 29(8), 1737-1745.

Tubbs, A. S., Dollish, H. K., Fernandez, F., & Grandner, M. A. (2019).The basics of sleep physiology and behavior.In Sleep and health (pp. 3-10).Academic Press.

Wagner, C. (2020). Medicina complementar e alternativa. The United States Healthcare System: Overview, Driving Forces, and Outlook for the Future [Visão geral, forças motrizes e perspectivas para o futuro]. Chicago, IL: Health Administration Press.

Waits, A., Tang, Y. R., Cheng, H. M., Tai, C. J., & Chien, L. Y. (2018). Efeito da acupressão na qualidade do sono: uma revisão sistemática e meta-análise. *Revisões de medicina do sono*, *37*, 24-34.

Wang, J., Yue, P., Huang, J., Xie, X., Ling, Y., Jia, L., ...& Sun, F. (2018). Intervenção de enfermagem na adesão de pacientes em hemodiálise com doença renal em estágio terminal: uma meta-análise. Purificação do sangue, 45(1-3), 102-109.

Wang, R., Tang, C., Chen, X., Zhu, C., Feng, W., Li, P., & Lu, C. (2016). O sono ruim e a qualidade de vida reduzida foram associados ao sofrimento dos sintomas em pacientes que recebem hemodiálise de manutenção. *Resultados de saúde e qualidade de vida, 14*(1), 125.

Wang, Y. P., & Hou, X. S. (2019). Discussão sobre a classificação dos pontos de acupuntura. Zhongguozhenjiu= Acupunctura e moxabustão chinesas, 39(10), 1069-1072.

Webster, A. C., Nagler, E. V., Morton, R. L., & Masson, P. (2017). Doença renal crónica. The lancet, 389(10075), 1238-1252.

Wichniak, A., Wierzbicka, A., Walęcka, M., & Jernajczyk, W. (2017). Efeitos dos antidepressivos no sono. *Relatórios atuais de psiquiatria, 19* (9), 63.

Wingerd, B., & Taylor, P. B. (2020). O corpo humano: Conceitos de anatomia e fisiologia. Jones & Bartlett Publishers.

Yayan, J., Rasche, K., & Vlachou, A. (2017). Apneia obstrutiva do sono e doença renal crónica. Em *Clinical Management of Pulmonary Disorders and Diseases* (pp. 11-18).Springer, Cham.

Yeung, W. F., Ho, F. Y. Y., Chung, K. F., Zhang, Z. J., Yu, B. Y. M., Suen, L. K. P., ... & Lao, L. X. (2018). Acupressão auto-administrada para transtorno de insônia: um estudo piloto randomizado controlado. Jornal do Sono , 27(2), 220-231.

Yildiz, D., Kahvecioğlu, S., Buyukkoyuncu, N., Kilic, A. K., Yildiz, A., Gul, C. B., ...& Tufan, F. (2016). Síndrome das pernas inquietas e insônia em pacientes em hemodiálise. Renal failure, 38(2), 194-197.

Yuejuan, W., Biyan, Z., Youbao, L., Xianhui, Q., Binyan, W., Xin, X., Xiping, X. (2017). Relação do diabetes com disfunção renal em adultos hipertensos. *Medicina:* June2017-96-24-e7169doi:10.1097/MD.7169.

Zeid, N. A. M., & Aly, S. E. B. (2020). O Efeito da Técnica de Acupressão na Qualidade do Sono em Pacientes em Hemodiálise.

Zappia, C. P., & Piccirillo, B. (2014). Ataxia e tontura em um paciente em hemodiálise. Journal of the American Academy of PAs, 27(12), 56-58.

Conteúdo

Printed by Books on Demand GmbH, Norderstedt / Germany